구성주의 이론과 국제관계 연구 전략

Strategies for Research in Constructivist International Relations

구성주의 이론과 국제관계 연구 전략
Strategies for Research in Constructivist International Relations

초판1쇄 발행 2011년 2월 28일
초판2쇄 발행 2012년 1월 25일

지은이 오디 클로우츠 · 시실리아 린치
옮긴이 손혁상 · 이주연
펴낸이 조인원
펴낸곳 경희대학교 출판문화원

주소 서울시 동대문구 회기동 경희대로 26
전화 02-961-0106~8, 팩스 02-962-8840
설립 1960년 9월 16일 제5-8호
등록 1977년 11월 8일 제6-5호
홈페이지 www.khupress.com
전자우편 press@khu.ac.kr

ISBN 978-89-8222-387-7 03300

구성주의 이론과 국제관계 연구 전략

Strategies for Research in
Constructivist International Relations

오디 클로우츠 · 시실리아 린치 지음 | 손혁상 · 이주연 옮김

경희대학교 출판문화원
KYUNG HEE UNIVERSITY PRESS

■ 일러두기 ■

본문 중 괄호(( )), 줄표(–), 세미콜론(;) 등은 원문 표기에 충실했으며, 보충 설명하는 부분입니다.

| 한국어판 서문 |

구성주의 국제관계학 연구방법론의 한국어 번역판이 출간됨을 매우 기쁘게 생각한다. 이 책은 구성주의 접근법들의 핵심 내용, 논쟁이 되고 있는 사안들, 그리고 방법론 간의 협력 가능성에 대한 우리의 주장을 제시하고 있으며, 2007년 영문판으로 출간되기 이전부터 원고 형태로 대학원 강의에서 많이 사용되었다. 이후 많은 강의 계획서syllabus에서 필수 도서 또는 추천 도서로 채택되었고, 북미, 유럽, 아시아, 그리고 세계 각지의 곳곳에 있는 독자들로부터 긍정적인 반응을 얻었다. 강의와 연구에서 이 책이 널리 사용되고 있다는 것은 그동안 이러한 저서가 필요하다는 우리의 초기 생각을 확인시켜주는 것이었다. 우리는 이를 흐뭇하게 생각하고 있다. 이번 번역을 계기로 우리는 구성주의에 대한 우리의 개념화 노력과 분석이 과연 제대로 번역되었는지, 그리고 쉽게 이해할 수 있게 번역되었는지에 관해 한국 독자의 의견을 들을 수 있기를 기대해본다.

원본 서문에서 밝혔듯이 이론적 격론들을 살펴보면서 실질적 연구를 위한 개념 중심으로 연구 수단을 조명하는 책을 집필하는 것은 우리가 애초에 예상했던 것보다 훨씬 더 어려웠다. 그래서 이 책에 대한 열렬한 반응은 더욱 기쁜 일이었다. 구성주의 국제관계학 연구방법론에 대한 소개와 함께 국제관계학의 구성주의 연구방법론을 소개하고 있는 이 책은 연구를 수행함에 있어 개념과 실질적인 득과 실이 서로 교차하고 있다는 사실을 인식하고 있다. 우리는 이를 (스테파노 구찌니Stefano Guzzini의 용어를 빌어 말하자면) 네 가지 이론적 기준, 즉 "구조", "행위 주체", "정체성", "이해관계"로 분석한다. 이 네 가지 기준을 다르게 개념화하는 것은 실질적 연구를 수행함에 있어 실제적 함의를 가지고 있다는 것을 인식하고 있다. 따라서 구성주의와 다른 접근뿐만 아니라 구성주의의 여러 갈래 간에 서로 어떤 연결 고리가 만들어질 수 있는지를 이 책 전반에 걸쳐 보여주고 있다.

우리는 또한 미래의 국제관계학 연구가 보다 진정한 의미에서 "세계"를 향해 있어야 하며, 서구 세계 혹은 북반구를 주요 준거 틀로 보아서는 안 된다고 주장하고 있다. 이러한 점에서 경희대학교 출판문화원 동료들이 우리 책을 한국어로 번역하겠다고 제안한 점을 감사하게 생각한다. 우리는 한국을 포함한 동아시아의 많은 대학들이 구성주의 접근법을 오랫동안 가르쳐 왔다는 것을 알고 있다. 한국 대학생들과 대학원생들은 구성주의를 포함한 모든 형태의 국제관계 이론을 잘 숙지한 상태에서 미국 대학 수업에 들어온다. 우리는 이번 한국어판이 동아시아에 있어서 구성주의 연구의 유용성을 증진시키기를 희망한다.

한국어판을 제안하고, 투철한 직업의식으로 상세한 부분까지 주의를 기울이고 이론적 섬세함으로 번역을 해준 시라큐스대학의 이주연 박사과정생과 경희대학교 손혁상 교수님께 진심으로 감사드린다. 우리가 이 책을 집필했을 때 느꼈던 것처럼 번역해 주신 두 분도 처음에 예상했던 것보다 번역 작업이 더 힘들었을 것이라고 생각하지만, 우리가 설명하려고 했던 모든 접근법의 섬세한 차이를 더 잘 알게 되었기를 바란다. 또한 효율적으로 그리고 독창적으로 한국어판을 출판해 주신 유영학 원장님을 비롯한 경희대학교 출판

문화원에 계신 모든 분들께 진심으로 감사드린다. 항상 그랬듯이 우리를 지지해 주는 가족들, 그리고 우리 둘의 변함없는 우정과 서로에게 지적 자극을 줄 수 있음에 감사드린다.

2011년 2월
오디 클로우츠와 시실리아 린치

| 감사의 말 |

이 책은 우리가 애초에 예상했던 것보다 훨씬 더 긴 시간이 필요했다. 그 기간 동안 많은 친구와 동료들의 탁월한 지적과 비판이 큰 도움이 되었고, 지금도 우리 연구에 어떻게 수용할 것인지 고민하고 있다. 대부분 각기 다른 원고를 읽었고 몇몇은 한 번 이상 읽는 수고를 아끼지 않았다. 어떤 분들은 우리가 이 책의 일부분을 발표한 학술회의 패널이나 세미나에 참석하기도 했다. 우리가 가르치는 강의에서 학생들의 의견을 직접 듣기도 했다. 브래이든 스미스Braden Smith는 편집, 판형, 색인 작업에 귀중한 도움을 주었다. 이 책을 쓰는 과정에서 대륙을 횡단하며 서로를 방문했을 때, 그 가족들이 보여준 환대는 대륙 횡단의 피곤함도 즐겁게 만들어 주었다.

누군가를 빠트릴 수 있는 위험이 있지만, 우리는 아래 모든 사람들이 보여준 통찰력과 격려에 고마움을 전하고 싶다. 물론 아래 어느 누구도 해결하지 못한 문제나 부적절한 표현, 또 논란이 있을 수 있는 문헌의 해석에 책임이 없다. 엠마뉴엘 아들러Emanuel Adler와 그의 학생들, 헤이워드 알커Hayward Alker, 새미 바킨Sammy Barkin과 그의 학생들, 마이클 바넷Michael Barnett, 프란시스 비어Francis Beer, 탐 버거Tom Berger, 제니스 비알리 매턴Janice Bially Mattern, 데이브 블랙Dave Black, 토마스 볼스토프Thomas Boellstorff,

마이크 보샤Mike Bosia, 미셸 버즈Michele Budz, 헤케 브라반트Heke Brabandt, 앨리슨 브리스크Alison Brysk, 월터 칼레네스Walter Carlenaes, 제프 첵켈Jeff Checkel, 카티아 콘포티니Catia Confortini, 폴 다니에리Paul D'Anieri, 스테파니 디알토Stephanie DiAlto, 잭 도널리Jack Donnelly, 록세인 도티Roxanne Doty, 존 더필드John Duffield, 버드 두발Bud Duvall, 데이비드 이스턴David Easton, 스티브 엥겔만Steve Engelmann, 에릭 팔레스키Erik Faleski, 카린 피어르키Karin Fierke, 마티 피네모어Marty Finnemore, 브라이언 피셔Brian Fisher, 머빈 프로스트Mervyn Frost와 그의 학생들, 챈드라 거버Chandra Gerber, 패티 고프Patti Goff, 댄 그린Dan Green, 시바 그로보기Sibar Grovogui, 스테파노 구찌니Stefano Guzzini, 로드 홀Rod Hall, 로저 헤이든Roger Haydon, 제이슨 수Jason Hsu, 헬런 잉그램Helen Ingram, 셀린느 잭크민Celine Jacquemin, 나단 존스Nathan Jones, 피터 카첸스타인Peter Katzenstein과 그의 학생들, 베스 키어Beth Kier와 그의 학생들, 폴 코워트Paul Kowert, 프리츠 크라토크윌Fritz Kratochwil, 헨릭 라슨Henrik Larsen, 빌 모이어Bill Maurer, 마이클 로릭스Michael Loriaux, 케빈 맥가한Kevin McGhahan, 키마딥 무피디Kimadeep Muppidi, 필립 넬Philip Nel, 다니엘 넥슨Daniel Nexon, 킴 노살Kim Nossal, 신디 오헤건Cindy O'Hagan, 닉 오너프Nick Onuf, 사바 오쥬르트Saba Ozyurt, 사이먼 라이히Simon Reich, 웨인 샌돌츠Wayne Sandholtz, 한스 피터 슈미츠Hans Peter Schmitz, 수잔 셀Susan Sell과 그의 학생들, 마라 시드니Mara Sidney, 마이클 사이몬Michael Simon, 던칸 스나이덜Duncan Snidal, 에텔 솔린엔Etel Solingen, 도로시 솔링어Dorothy Solinger, 마이클 스트루엇Michael Struett, 미라 수차로프Mira Sucharov, 앤 틱크너Ann Tickner,

잭키 트루Jacqui True, 로버트 우류Robert Uriu와 그의 학생들, 카타 웨버Katja Weber, 알렉스 웬트Alex Wendt, 안테 위너Antje Wienner, 홍잉 왕Hongying Wang, 드보라 야노Dvora Yanow 이상의 분들께 다시 한 번 감사의 마음을 전한다.

이 책에서 우리의 몇 가지 주장들은 두 논문「구성주의와 국제관계이론Constructivism in International Relations Theory」(*CritiqueInternationale* 1(2):51-62, Presse de Science Po발간)과「포럼: 국제관계에서 행위 주체-구조논쟁을 넘어」특집호의 "용어 번역하기*Translating Terminologies*", (International Studies Review 8(2):356-362, Blackwell Publications and International Studies Association발간)에 이미 발표되었다.

| 역자 서문 |

이 책을 만나게 된 것은 공역자 중 한 사람(이주연)이 2004년, 미국 시라큐스 대학 정치학과 박사과정으로 유학을 가서 우리가 번역한 원서의 공동 저자인 오디 클로우츠Audie Klotz를 지도 교수로 만나게 되면서부터다. 평소 정체성 연구에 관심이 있었지만, 한국에서는 적절한 연구 방법을 찾지 못해 정체성 연구에 대한 학문적 관심을 포기해야 하는지에 대한 의구심을 품던 중, 오디 클로우츠 교수로부터 〈국제관계 이론〉, 〈정체성과 국제관계〉, 〈질적 연구방법론〉 강의를 수강하면서 정체성 연구를 위한 구성주의 연구방법론에 눈뜨게 되었고 이 책을 접하게 되었다.

마침 공역자 중 다른 한 사람(손혁상)도 경희대 NGO대학원에 〈NGO와 국제기구〉, 〈글로벌 거버넌스〉, 〈시민사회와 국제개발협력〉 등의 강의를 수년간 해오면서, 국가 중심의 현실주의, 자유주의 패러다임과 경제 관계를 강조하는 구조주의 시각만으로는 다양한 국제관계 현상을 분석하기 어렵다는 고민 속에서 구성주의적 접근을 모색하고 있는 중이었다.

현재 한국국제관계학계의 구성주의 연구 수준은 2009년에 알렉산더 웬트Alexander Wendt의 핵심 저작인『국제관계의 사회적 이론: 구성주의』가 번역 소개되었을 뿐 방법론에 관한 심층적 고민이나 구성주의적 사례 분석을 한 저서조차 출판되지 않은 실정이다. 연구 논문으로는 국내에서 1990년대 후반부터 국제관계 연구에서 구성주의 접근이 서서히 나타나기 시작해서 이론의 소개와 비판, 그리고 유럽과 아세안, 동아시아 지역통합 중심으로 사례연구 논문이 간헐적으로 발표되었지만, 구성주의에 관심 있는 학생이나 연구자에게 실제 연구설계부터 구성주의의 핵심 개념인 구조, 행위 주체, 정체성, 이해관계의 상호 구성과 동학에 관한 길잡이를 해줄 수 있는 연구는 찾기 어려웠다.

그래서 우리 두 사람은 오랫동안 경희대 NGO국제연구소에서 일하며 '정체성의 정치'에 관한 대화를 나누며 고민의 기반을 함께 나누고 있었기에, 구성주의를 다룬 이 책이 우리의 갈증을 풀어줄 수 있는 고마운 길잡이 역할을 할 수 있을 거라 판단하고 과감히 번역 작업에 뛰어들기로 하였다. 개념상의 혼란 때문에 온전하게 이해하기 어려웠던 구성주의를 단순하고 명쾌하게 정리할 뿐만 아니라 풍부한 연구사례를 소개하고 있는 이 책은 손에서 놓을 수 없을 정도로 매력적인 책이었다.

번역을 시작하면서 우리는 구성주의의 핵심 개념을 말끔하고 알기쉽게 풀어놓은 두 저자의 노력에 다시 한 번 감탄하지 않을 수 없었다. 하지만 원본 저자인 클로우츠 교수와 린치 교수가 한국어판 서문에서 밝힌 것처럼, 번역 작업이 처음에 생각했던 것처럼 그렇게 쉽지는 않았다. 무엇보다도 영어 원문의 의미를, 그것이 한 단어든 문장이든 간에 그대로 전달해 주는 한국어 표현을 찾는 것이 쉽지 않은 작업이었기에 생각의 과정을 몇 번이고 거쳐야 했다. 번역 작업에 착수하고 거의 2년에 가까운 시간이 지난 이후에야 완성된 번역본이 나오게 되었다는 것은 이번 번역 작업이 쉽지 않았음을 말해 주는 것이라 생각한다.

하지만 이번 번역이 구성주의 연구방법론에 관한 것인 만큼, 구성주의 연구가 결과에 이르게 되는 과정을 중시하듯, 우리 역시 번역을 서둘러 마무리하는 것보다는 번역 작업의 과정을 중요시했다. 특히 클로우츠 교수와 린치 교수가 서로 다른 이론 간 그리고 구성주의 내부의 서로 다른 입장 간의 대화가 중요하다고 서문과 본문에서 강조했듯이, 우리는 서로 다른 공간적 맥락에서 번역을 위한 대화의 과정을 극대화하려고 노력했다. 역자 한 사람은 시라큐스에서 저자인 클로우츠 교수를 수차례 만나 대화를 통해 원문의 의미를 재차 확인하는 작업을 했고, 또 다른 역자는 한국에서 영어로 설명된 구성주의 용어에 알맞은 우리말 표현을 찾기 위해 구성주의를 소개한 국내 연구를 참고하면서 많은 시간을 보냈다. 특히 이번 번역 작업에 착수한 동기가 미국에서는 이미 주류를 이루고 있는 구성주의 연구방법론을 한국 학계에 소개하여 보다 많은 연구자들이 손쉽게 구성주의 연구를 수행할 수 있도록 도움을 주고자 하는 것이었기 때문에, 이 모든 과정에서 구성주의의 핵심 개념과 연구방법론을 한국 연구자들에게 보다 정확하게 전달하고자 노력하였다. 만약 이 책이 구조와 행위 주체의 상호 구성, 정체성과 이해관계의 인식과 재구성을 통해 국제관계 현상을 이해하고 분석하고자 하는 학생과 동료 연구자에게 문제해결의 작은 실마리를 제공하였다면, 이는 이러한 과정이 있었기에 가능한 것이라고 생각한다. 또한 이번 작업을 통한 우리의 행동이 질적 연구방법론의 활성화에 공헌할 수 있는 구성적 계기가 되기를 바란다.

한국어판 번역을 제안했을 때 흔쾌히 승낙해주고, 지연되는 번역 과정을 너그럽게 이해하면서 한국 독자들을 위해 특별히 서문을 새로 써준 클로우츠 교수와 린치 교수에게 심심한 감사를 전하고 싶다. 또 우리가 이 책을 번역하고 싶다고 했을 때 진심으로 출판의 의의를 이해하고 출판을 독려해 준 경희대학교 출판문화원 유영학 원장과, 독자들에게 좀 더 정확하고 쉽게 다가갈 수 있도록 수고해주신 이해미선생께도 고마움의 뜻을 표하고 싶다.

그동안 전통적 국제관계 아젠다인 안보, 지역통합, 경제 협력 분야뿐만 아니라 인권, 환경, 성 평등, 빈곤, 지구시민사회 등과 같은 21세기 글로벌 아젠다를 연구하는 데 기존의 현실주의, 자유주의, 구조주의적 접근의 한계와 아쉬움을 절감하고 있는 연구자에게 작은 도움이 되기를 희망하며.

2011년 2월

경희대학교 회기동 연구실에서 손혁상

시라큐스대학 맥스웰스쿨에서 이주연

| 차례 |

한국어판 서문

감사의 말

역자 서문

I. 구성주의

1. 존재론 | 26
2. 인식론 | 32
3. 방법론 | 38
4. 타당성 | 42
5. 이 책의 구성 | 46

II. 구조

1. 거시적 역사 | 53
2. 계보학적 접근 | 59
3. 참여 관찰 | 67
4. 함의 | 73

Ⅲ. 행위자

1. 서사 | 81
2. 프레이밍 | 88
3. 민속학 | 95
4. 함의 | 103

Ⅳ. 정체성

1. 주체를 구성하는 구조 | 109
2. 구조를 구성하는 행위 주체 | 119
3. 함의 | 131

Ⅴ. 이해관계

1. 비교의 선택 | 138
2. 대조적 상호 작용 | 149
3. 함의 | 159

Ⅵ. 결론

1. 기준의 문제 | 165

2. 학계의 본질 | 167

3. 구성주의 내의 가교 만들기 전망 | 170

추천 도서

참고 문헌

찾아보기

I

구성주의

Constructivism

I
구성주의
Constructivism

냉전이 끝난 후 국제 정치 관행과 국제관계 연구에서 그동안 견고하게 유지되어 오던 대립과 동맹 관계가 무너졌다. 이러한 국제관계의 불안정성은 학자들로 하여금 갈등의 문화적 배경, 국가 정체성의 대안적 개념, 윤리, 그리고 기타 많은 사안과 관련된 질문을 던질 수 있는 정치적, 지적 공간을 넓혔고, 또한 그 필요성도 증대시켰다. 오늘날 다수의 실천가들과 연구자들은 개인과 집단들이 그들을 둘러싸고 있는 세계에 의해 형성될 뿐만 아니라 그 세계를 바꿀 수 있다는 "구성주의적" 견해를 받아들이고 있다. 사람들은 기존의 관습과 관례적인 운용 절차를 바꾸는 규범적, 문화적, 경제적, 사회적, 혹은 정치적인 새로운 관행들을 –항상은 아니지만– 시도할 수 있다.

국제관계학이 구성주의를 받아들이게 된 것은 해석이 사회적 실재를 생산해낸다고 주장하며, 기존에 지배적이었던 구조주의(현실주의, 자유주의, 마르크스주의) 틀의 핵심 전제에 이의를 제기했던 선구자적 이론가들의 업적에 기초하고 있다(Ashley, 1984; Wendt, 1987; Wendt and Duvall, 1989; Kratochwil, 1989; Onuf, 1989). 구성주의자들은 구조적 연속성과 변화 과정들이 모두 행위자에 근간을 두고 있음을 강조한다. 또한 행위자Agency는 사회적 · 공간적 · 그리고 역사적 맥락에 의해 영향을 받는다. 구성주의자들은 존재론적 우위를 구조 혹은 행위자 어느 한 쪽에 부여하기보다는 이 둘이 "상호 구성적mutually constituted" 관계에 있다고 본다. 따라서 이들은 행위자의 이해관계와 정체성의 본질을 당연하게 받아들이는 합리적 선택 이론에 내재되어 있는 개인주의를 거부한다. 이러한 존재론적, 인식론적 함의에 대한 지속적인 관심이 있었기에 국제관계학에 있어서 구성주의 아젠다가 번성할 수 있었다.

그러나 사회적 실재가 의미 있는 행동에 의해 생산된다는 원리를 신중하게 받아들이다 보면 연구 수행의 어려움에 봉착하고 만다. 아마도 "관념ideas"에 관한 모든 연구를 구성주의로 간주하는 잘못된 경향 때문에, 연구자들은 어떤 개념과 방법론을 적용할 것인지에 대해 종종 머뭇거리는 듯하다. 학생들과 동료 학자들은 어김없이 질문한다: 어떻게 구성주의적 연구를 수행할 것인가, 어떤 종류의 과정들이 구성적constitutive인가, 어디에서 적절한 증거를 찾을 수 있는가. 우리는 초기 저작을 집필할 때 이와 같은 질문들을 스스로에게 던졌기 때문에 이러한 불확실성에 대해 공감한다. 우리는 1980년대 후반에 인종차별에 대한 세계적 반응(Klotz, 1995)과 평화운동의 역할(Lynch, 1999a)에 특히 관심을 가졌지만, 우리가 관심을 가졌던 정책 변화에 거시 이론을 어떻게 적용할 것인지 보여주는 모델은 거의 없었다.

이 책은 구성주의가 제공하는 통찰력을 적용하기를 원하지만 경험적 연구를 수행함에 있어 어떻게how, 무엇을what, 그리고 어디에서where와 관련된 질문들에 대한 지침을 얻고자 하는 사람들을 위해 집필했다. 사회학, 법률학, 철학, 언어학, 인류학, 문화 연구, 역사학, 그리고 다른 접근법들을 이용한 오늘날의 여러 경험 연구들을 예로 들면서, 우리는 다양하고도 때로는 암시적으로 나타나는 방법론적 문제들에 주의를 기울일 것이다. 우리는 연구자들이 연속성과 변화의 두 가지 측면을 조사하고, 해석하고, 분석하는 데에 도움을 주는 개념들과 방법들을 강조할 것이다. 우리가 목적하는 바는 하나의 특정 모델이나 일련의 연구 수단을 주장하는 것이 아니라, 연구 프로젝트를 설계하기 위한 전략들을 한 데 모으는 것이다. 우리는 이 책의 독자들이 이미 거시 이론 논쟁들(예를 들면 Ruggie, 1998; Guzzini, 2000; Adler, 2002; Ba and Hoffmann, 2003)을 접한 적이 있다고 가정하지만, 구성주의의 학제적 전통에 대해 더 알고 싶어하는 독자를 위해 이 책의 말미에 더 찾아볼 만한 참고 문헌을 추가했다.

구성주의자라는 이름표 덕분에 우리의 연구가 국제관계학 연구에서 근거를 얻을 수 있게 되었지만, 우리는 모든 견해들을 하나의 "주의-ism"로 간주하는 근본적인 문제 또한 인지하고 있다. 구성주의라는 단어는 상호 구성의 과정을 포착하는 데에 공통적으로 초점을 모으고 있지만, 구성주의 연구자들에게 많은 것들을 의미한다. 우리 둘 조차도 국가를 초월한 사회 운동과 국제규범이라는 유사한 문제들을 연구하고 있지만, 개념을 다르게 정의하고 다른 방법들을 사용한다. 경계들이 근본적으로 유동적이기 때문에, "급진적" 포스트모더니즘(Checkel, 1997; Campbell, 1998a; Hopf, 1998 참조)으로부터 "주류를 이루고 있는" 인과 분석적 연구를 분리하려는 시도를 특히 경계하고 있다. 그렇게 둘을 구별하는 것은 공통점을 간과하는 것이며, 연구자들은 서로에게 배울 수 있는 기회를 잃게 된다. 따라서 우리는 경계를 넘나드는 노력들, 예를 들면 비판 사회 이론과 여성주의 이론(Price and Reus-Smit, 1998; Ackerly and True, 2001; Locher and Prügl, 2001) 및 이러한 노력에 공헌하는 다수의 다른 논의들을 지지한다(실제로 구성주의라는 이름을 거론하고 있지는 않지만 우리가 보기에 상호 구성적 과정을 살펴보는 연구 방법을 사용한 몇몇 학자들을 우리의 논의에 포함시켰다).

이들의 차이점에 대해 보다 생산적으로 천착할 수 있는 한 가지 방법은 학문적 패러다임 간의 전쟁을 치르기보다는 대안적인 사회적, 합리주의적, 유물론적, 그리고 심리학적 존재론에 대한 방법론적 함의들을 대조해 보는 것이다. 우리가 보기에 현실주의자들, 자유주의자들, 마르크스주의자들 간에 통하는 공통점들을 얼버무리고 이들 간의 구분을 영속화하는 것은 이 세 경쟁 학파 내부에 존재하는 차이들을 간과하고, 이 세 관점들에 대해 구성주의가 제시하는 존재론적 도전을 부각시키지 못하는 것이다. 공통적으로 관심을 갖는 영역 중에서도 핵 확산, 부유층과 빈곤층의 분열, 안보의 본질, 초국가적 행위자의 역할에 대한 학제 간 이해를 증진해나가기 위해, 연구자들은 이론적 진영에서 은신처를 찾을 것이 아니라, 종종 시끄러운 의견 차이에 대해 머리를 맞대고 고심해 보아야 할 것이다. 사실 "자유주의적 구성주의자liberal constructivist"와 "현실주의적 구성주의자realist constructivist"라는 이름표Labels는 점점 널리 쓰이고 있으며, 창조적 시너지를 위한 잠재력을 제공한다(Risse, 2002; Barkin, 2003; Forum, 2004).

경계 잇기를 하려면 다른 학파에서 사용되고 있는 이휘들을 포용해야 한다. 정교한 언어는 미묘한 차이를 표현하지만, 특정 학파에서만 이해되는 전문 용어로 변질될 위험도 있다. 예를 들면, 모든 사람들이 우리 구성주의자들이 선호하는 "간주간성intersubjectivity"이라는 용어(이에 대해서는 다음 장에서 논의할 것이다)를 공유한다는 법은 없다. 우리의 목적은 섬세한 이론 사항들을 지나치게 단순화하지 않고 용어들 사이를 오가며 얻을 수 있는 이점들을 보여주는 것이다. 유사한 연구 질문들이 어떻게 다양한 방법들로 연구될 수 있는지와, 서로 다른 방식으로 연구 질문들을 만드는 데 있어 어떤 장단점이 있을 수 있는지를 보여줄 것이다. 여기에는 해결할 수 없는 생산적 긴장 상태가 존재한다; 우리는 이러한 생산적 긴장 관계를 공개적으로 인정하고 있고, 이것들을 다루기 위한 몇 가지 전략들을 제시할 것이다.

이 책을 보다 간결하고 누구나 접근하기 쉽게 만들기 위해 우리는 지나친 인용을 피하고 여러 연구 결과의 공통 주장을 일반화해서 논의할 것이다. 우리가 "어떤" 또는 "다른" 구성주의자들이라고 지칭하는 것은 우리 자신이 늘어나는 구성주의 문헌을 해석한 결과이지만 때로 서로의 의견이 나눠진 것이기도 하다. 우리는 여러 연구를 포괄적으로 균형 있게 다루려고 하지만, 어떤 학자들의 연구와 주제들이 다른 학자들의 연구나 주제들보다 불가피하게 더 많은 조명을 받을 수 있다. 실제로 그 어느 누구도 구성주의를 총체적으로 개관할 수는 없을 것이다. 우리는 강의에서 효과적으로 사용해온 예들을 종종 선택하였다. 몇몇 연구들은 연구방법론을 선택함에 있어서 분명하지 않거나, 우리가 조명하려고 하는 주제가 아닌 다른 주제들을 다루고 있다. 그럼에도 불구하고 우리 연구에 이러한 연구물을 포함한 이유는 우리의 목적이 구성주의의 특수한 통찰력을 포착하는 방법론의 효율성을 제시하는 것이기 때문이며, 따라서 그 방법론들의 단점보다는 장점을 우선적으로 강조할 것이다. 이러한 방법론들이 어떻게 적용될 수 있는지 그리고 이러한 방법론들의 한계점이 무엇인지 가늠하는 것은 다른 연구자들의 몫으로 남겨 놓는다.

이 장의 나머지 부분에서는 구성주의 연구의 핵심 주제들을 요약하고 다음 장에서부터 사용되는 용어들의 개념을 설명할 것이다. 핵심 어휘와 개념적 지형을 존재론, 인식론, 방법론, 타당성이라는 네 단계로 설명할 것이다. 다음 두 장에서는 경험적 연구에서 사용되는 여섯 가지 방법론을 조명할 것이며, 특히 Ⅱ장에서는 구조에, Ⅲ장에서는 행위자에 주안점을 둘 것이다. 이렇게 살펴봄에 있어, 모든 방법론에 대한 기원과 잠재적 효율성에 대해 철저한 설명을 제공하지는 못할 것이다. 그 대신 각각의 방법론이 어떻게 상호 구성이라는 구성주의의 핵심 측면들을 포착할 수 있는지를 강조할 것이다(이 책에서 인용되어 있는 내용과 부록에 첨부된 추천 도서 목록은 이러한 방법론들을 사용하기 위한 보다 자세한 지침을 제공해 줄 것이다). 이러한 여러 방법론 중에서 어떤 방법론을 선택하는 것이 좋을지 평가하기 위해 우리는 연구 계획과 관련하여 두 가지 핵심 사항을 심도 있게 살펴볼 것이며, Ⅳ장에서는 어떻게 개념을 정의할 것인지에 대해, Ⅴ장에서는 어떻게 사례를 선택할 것인지에 대해 살펴볼 것이다. 이렇게 Ⅴ장까지 읽고 나면, 연구자들은 본인들의 연구 질문에 가장 적절하게 들어맞는 방법론이 무엇인지 알 수 있을 것이다.

1. 존재론Ontology

연구자들은 자신들의 연구를 어떻게 개념화 하는가

사람들은 국가를 포함하여 서로 중복되는 사회(인종, 국가, 이념, 성, 문화, 종교, 그리고 기타) 집단 안에서 삶을 영위하고, 사회 집단을 통해 상호 작용한다. 사회 집단은 그 집단의 지도자를 포함하여 집단 성원들이 처해 있는 환경을 만들고, 지속・변화해 나간다. 지배적 의미들은 때로는 역사적 "사실facts" 혹은 피할 수 있는 "실재reality"라고 표현되는데, 사람들이 이러한 지배적 의미들을 강화하지 않으면, 구조는 존재하지 않게 된다. 예를 들어 인종과 관련된 언어를 사용할 때, 남녀 간, 계급 간의 차이를 강조하는 집단 목표가 종종 무시되는 반면에, 인종이나 종교에 기반한 집단 목표를 추구하도록 부추기게 된다. 그러나 인종 집단 안에서 종교적 신념과 멤버십에 대한 경계선은 시간이 흐름에 따라 변화한다. 그리고 사회적 성gender이나 계급class이 변화하지 않는 카테고리는 아니다. 이러한 불안정성과 모호함은 일상적 관행들을 다시 정의하는 기회를 제공한다. 예를 들어 여성들은 다양한 정체성을 가지며, 하나의 종교 또는 인종 집단 내부에서 평등권을 위해 결집할 수 있으며, 의도하지 않은 결과로서 그들의 경제적 지위를 증진시킬 수 있다.

구성주의자들은 사람들이 어떤 행동을 하는지 그리고 사회가 어떻게 이들의 행동에 영향을 미치는지 둘의 상호 관계를 구조와 행위자의 "상호 구성"이라고 특징짓는다. 그러나 이러한 상호 관계가 동시에 일어나기 때문에 구조의 자기 강화 본질과 사람들이 때때로 사회 질서를 전복시키는 방식을 모두 포착하는데 어려움이 생긴다. 사람들은 의식적으로 그리고 의도하지 않은 방식으로 제도화된 관습과 지배적인 가정들을 재생산하며, 또한 그러한 것들에 도전한다. 우리는 이 "행위자와 구조 간의 논쟁agent structure debate"(Forum, 2006)의 중심에 있는 오랜 철학적 문제들을 해결하려고 하는 것은 아니다. 그보다는 상호 구성의 다양한 메커니즘을 풀어헤치는 전략들을 경험적 연구에서 찾으려고 한다. 이러한 도전을 위한 첫 걸음은 구성주의의 존재론이 세 가지 구성요소: 간주간성, 맥락, 권력에 근거하고 있다는 것을 인식하는 것이다. 인식론적 함의를 논의하기에 앞서 각각의 핵심 개념의 중요성을 보다 자세히 논의할 것이다.

1) 간주간성Intersubjectivity

구성주의 관점에서 보면, 간주간적 이해는 구조와 행위자로 구성된다. 이러한 규범, 규칙, 의미, 언어, 문화, 이데올로기는 정체성을 창출하고 행동에 지침을 주는 사회 현상들이다. 이러한 사회 현상들이 존재하기 위해서는 한 사람 이상의 사람들이 이러한 현상들을 받아들여야 하고, 사람들이 이러한 사회 현상과 관련해서 자신들을 정의해야 한다. 간주간성에 대한 이해는 개인들의 신념들을 전부 모은 것 이상의 의미를 갖는다. 예를 들면 화폐가 통용되기 위해서는 물건이 토큰tokens과 교환될 수 있다는 것이 사회적으로 받아들여져야 한다. 매수인과 매도인 간에 어떤 동전 또는 지폐를 사용할 것인지, 아니면 사이버머니를 사용할 것인지에 대한 일반적 동의가 이루어져야 한다. 또한 회사는 화폐와 관련해서 이익이라는 개념 없이는 존재하지 않는다. 무역 레짐Regime과 같은 국내법과 국제법은 그러한 화폐 시스템에 기반하고 있다. 규칙과 규범은 우리가 자본주의라고 알고 있는 습관적 관행과 절차를 만들어 낸다. 세계 경제는 사람들이 세계를 어떻게 보는지에 대해 영향을 미치고, 이들이 이루고자 하는 목적과 이들이 취하는 행동을 끌어낸다.

특정한 의미들은 시간이 지남에 따라 고정되며, 구성주의자들이 구조 또는 제도라고 부르는 사회 질서를 만들어 낸다. 규칙과 규범들은 세상이 어떻게 작동하는지, 어떤 종류의 행동이 합법적인지, 어떤 이해관계와 정체성이 가능한지에 대해 기대하게 만든다. 예를 들어 세계 지도자들은 전쟁에 대한 규범이 특정한 상황에 어떻게 적용되는지에 대해 의견을 달리할 수는 있지만, 일반적으로 그러한 규범이 존재한다는 것을 인식하고 있다. 예를 들어 이라크는 1990년 쿠웨이트 침공이 침략 전쟁이 아닌, 과거 제국주의 강대국에 의해 지워진 역사적 불평등을 전도하기 위한 것이었다고 주장했다. 그러나 국제 사회가 개입했다는 사실은 이라크의 쿠웨이트 침공의 정당화에 설득력이 없음을 말해준다. 미국이 2003년 이라크를 공격한 것을 침략이라기보다는 선제 자기 방어라고 주장했을 때, 유엔은 이러한 해석을 받아들이지 않았다. 결과적으로 미국은 제1차 페르시아 걸프전 때와 맞먹는 연합군을 구축하는 데 실패했다. 따라서 미국의 관료들은 미국의 이라크 침략을 넓은 의미에서 테러리즘에 대한 전쟁으로 설정하려 했고, 이러한 해석은 역시 많은 국가에서는 여전히 설득력을 가지지 못한다.

테러리즘을 정의하는 방식에는 여러 가지가 있지만, 그중 특정 정의를 채택한 결과는 사회 질서를 유지하기 위한 기반이 된다. 그러나 이러한 의미 또한 논쟁의 대상이 되고 있다. 특정 순간에 어떤 관행이 다른 관행을 지배하는 것이 불가피하지만, 가장 고정적인 구조조차도 변화한다. 실제로 차후에 보다 자세히 논의하겠지만 연구자들은 간주간적 현상들을 설명하기 위해 어떤 용어를 사용할 것인지에 대해 논쟁하는데, 이는 "규범norms"과 같은 어떤 어휘들은 고정성을 강조하고 널리 받아들여지고 있음을 암시하는 반면, "표상representations"과 같은 어휘들은 잠재적으로 보다 유동적인 의미를 중시하고 보다 많이 논쟁되고 있음을 제시하기 때문이다. 우리는 의미가 진화한다는 것을 인정하고 이러한 의미의 진화에 존재론적 함의를 부여하기 위해 더 이상의 규범과 표상 간의 차별성을 논의하지 않고, 이 두 어휘를 서로 번갈아 가며 사용할 것이다.

2) 맥락Context

간주간적 이해는 시대에 따라, 그리고 위계 조직 내부에서 지역마다 다르게 나타나기 때문에 구성주의자들은 공간 · 역사 · 사회적 맥락에서 연구 질문을 던진다. 의미의 변화가 특정한 지역과 시대를 살고 있는 사람들에게 어떻게 영향을 미쳤는지를 이해하고, 표준적 관행을 변화시키는 사람들의 잠재력을 측정하기 위해 연구자들은 문화가 변화의 가능성이 없이 하나의 개념이나 고정적 의미로 고착화하는 것을 경계해야 한다. 예를 들면 현재 자본주의를 금본위 제도가 아닌 환율에 기초한 화폐의 개념을 가지고, 노예 제도가 아닌 임금 노동의 합법성을 지니는 하나의 이데올로기로 규정지을 수 있다. 그러나 자본주의는 그 어떤 이데올로기와 마찬가지로 시대에 따라 다르게 발현된다. 따라서 국제통화기금International Monetary Fund과 세계은행World Bank이 20세기 후반에 당연시했던 특정 재정 정책, 통화 정책, 무역 정책, 복지 정책이 오늘날 덜 타당하게 보이는 것은 놀랍지 않다. 어느 한 시대나 사회에서 받아들여지고 있는 열망과 행동이 다른 시대, 다른 장소에서, 혹은 다른 사회적 맥락에 있는 사람들에 의해 웃음거리가 될 수 있다. 예컨대 관세 및 무역에 관한 일반협정General Agreement on Tariffs and Trade은 세계무역기구World Trade Organization로 변형되었는데, 이는 반세기 전 국제무역기구International Trade Organization의 형태로 제안되었을 때 지나치게 혁신적이라고 거부당했다.

이러한 변화들이 선형적linear이거나 목적론적 궤도를 따를 필요는 없다. 현재의 세계 시장 체제와 자유주의 금융 기관들과 같은 지배적 관행들이 시간과 장소에 따라 서로 다르게 퍼져 나간다. 세계화에 대한 저항과 같이 그러한 관행들에 대한 도전들도 마찬가지다. 오늘날 환경, 인권, 여성 단체들의 활동들은 어떤 지역에서는 관행과 제도들을 바꿀 수 있지만, 다른 지역에서는 이들의 노력이 제한되거나 저지당할 수도 있다. 그 결과 임금 노동이 전세계에 만연되어 있지만, 그렇다고 해서 모든 형태의 노예 제도나 예속이 근절된 것은 아니다. 마찬가지로 개신교 신자들은 가톨릭교회의 영향력을 손상시켰지만, 교황 정치는 세계 많은 지역에서 여전히 중요한 역할을 하고 있고, 반식민 운동이 국가 영토의 공식적 독립을 획득했지만 그렇다고 해서 경제적 또는 정치적 자율성을 반드시 성취한 것은 아니다.

구성주의가 간주간성을 강조한다는 점에서, 연구자들은 이러한 집단의 성공과 실패를 평가하기 위해 그 집단 내부 사람들이 세계에서 차지하는 자신들의 위치에 대해 생각을 바꾸었는지 그리고 정부와 기업과 같은 다른 행위자들의 합법적 역할에 대한 생각을 바꾸었는지에 대해서도 고려한다. 더욱이 연구자들이 현재의 자유주의적 자본주의 질서 내의 특정 공간적 지역과 사회적 환경에서 살고 있기 때문에, 이러한 평가는 연구자들 개인의 규범적 관점에 의해 영향을 받는다. 연구자와 해석의 관계는 특정 공간·역사·사회적 맥락 내의 의미에 대한 분석의 기저에 자리잡고 있는, 물질 개념의 권력보다는 담론 개념에서 권력의 중요성을 말해준다.

3) 권력Power

다수의 의미들이 공존하고 때로는 서로 긴장 관계에 놓여 있기 때문에, 구성주의자들은 특정 관행들이 어떻게 그리고 왜 특수한 맥락에서 지배적으로 되는지에 대해 질문한다. 냉전 시대에 미국과 소련이 서로를 아군이 아닌 적으로 규정한 것과 같이 지배적으로 통용되는 간주간적 이해는 사람들의 정체성과 이해관계를 구성하고, 그들의 행위에 대한 해석을 규정하기 때문에 강력한 힘을 행사한다고 말할 수 있다. 이러한 해석으로부터 나오는 습관적 행동은 종종 "관행practices"이라고 불리고, 이러한 관행을 유지하는 데 사용되는 언어와 기술의 조합은 "담론discourses"이라고 일컬어진다. 지배적 이해를 강조하지만, 이것은 단순히 핵 탄두와 같은 물질 자원을 의미하는 언어를 대체하는 것은 아니다. 모든 사람들은 그들의 관행이 의미를 강화하거나 약화시킨다는 점에서 어느 정도의 권력을 행사한다. 예를 들어 유럽의 평화와 인권 단체들은 대립 관계를 되풀이하거나 영향력의 공간을 확보하려고 하는 대신 유럽 대륙 전체의 이익을 표명함으로써 냉전의 종식에 공헌했다. 미하일 고르바초프Mikhail Sergeevich Gorbachev는 이러한 새로운 표명articulation을 받아들이고 수정하였으며, 이는 소련의 붕괴라는 의도하지 않은 결과를 가져왔다.

권력이란 어떤 능력을 소유하고 있는지가 아니라 관계들을 통해 작용하기 때문에, 구성주의자는 과정과 상호 작용을 분석한다. 어떤 연구자는 냉전을 자본주의와 공산주의 간의 이데올로기적 갈등이라고 보고, 이러한 갈등이 군사비의 증진을 통해 양극 체제를 양산했다고 본다. 미소 간 탄도탄요격미사일 협정US-Soviet anti-ballistic missile accords과 차후에 협약된 세계 대인 지뢰 금지 조약과 같은 군축 조약은 군사적 효용성과 상관없이 행위자가 특정 무기 체제의 전략적 유용성을 판단하는 방식을 바꾸었다. 그 결과 일어나는 비대칭적 군사력 분배는 오늘날 비정부 행위자들이 과거 불만 세력이 사용했던 것과는 다른 무기와 전술을 사용하게 하는 유인 요인과 합리화의 근거를 제공한다. 행위자들은 그들이 처한 시대에 지배 규칙과 이데올로기와 관련해서 그들이 누구인지, 그들이 무엇을 원하는지를 정의한다.

담론을 재구성하고 관행에 영향을 주는 능력이라고 권력의 행사를 개념화하는 것은 어떻게 의미 체계가 정체성과 행동에 영향을 미치는지, 왜 어떤 의미들이 다른 의미들을 지배하는지, 그리고 언제 이러한 패턴들이 변화하는지를 평가하기 위한 틀을 연구자들에게 제공한다. 이러한 개념화 작업은 또한 우리의 행동 차원을 넘어, 사람들이 어떻게 그들의 행동을 정당화하는지를 포함하도록 분석 범위를 넓혀준다. 연구를 수행함에 있어 언어의 역할이 그러한 근본 위치를 차지하고 있음을 인식하는 것은 이러한 간주간적 실재를 어떻게 연구할 것인지에 대한 인식론적 문제를 제기한다.

2. 인식론Epistemology

연구자들은 그들이 알고 있는 것을 어떻게 아는가

우리는 폭넓은 경험적 연구들을 검토하면서 현재 학계에서 일어나고 있는 논의들이 우리의 예상을 넘는 수준에서 인식론적 입장들 사이에 중첩되고 있음을 발견했다. 우리가 보기에 지나치게 많은 지적 에너지들이 틀에 박힌 진영 간의 경계를 양산하고 지속시킨다. 몰역사주의에 대한 풍자 또는 상대주의는 구성주의자들이 보다 미묘한 문제들을 보지 못하게 만든다. 우리는 그 대안으로 실증주의에 치우친 입장에서부터 후기실증주의 입장에 이르는 스펙트럼을 좀 더 유연하게 제시한다. 이러한 발견적 방법heuristic은 사회과학의 어느 한 철학적 입장을 다른 것보다 더 우세하다고 보는 입장에 저항하는 것이다. 대부분의 연구자들은 양 극단에 모이기보다는 그 중간의 서로 다른 지점에서 철학적 주장을 한다. 따라서 우리는 "경험적empirical"이라는 단어를 대략적으로 다양한 종류의 증거를 지칭하는 것으로 사용하고, "경험주의적empiricist" 인식론과 연관된 사실에 상응하는 이론과 결부시키지는 않는다.

이 스펙트럼에서 나타나는 차이를 준수하는 것은 경험적 연구 분석에서 중요성을 갖는다. 비록 구성주의자들이 상호 구성을 기본적인 존재론적 출발점이라고 공통적으로 생각하고 있지만, 모든 구성주의 연구자들이 구조와 행위자에 동등한 중요성을 부여하는 것은 아니다. 그리고 모든 연구자들이 해석을 중요하게 다루지만 그 해석에 있어 언어를 수없이 많은 방식으로 사용한다. 어떤 연구자들은 인과 관계를 중심으로 설명하고, 다른 연구자들은 담론들을 제시한다. 인식론적 주장에서부터 상호 구성이라는 경험적 분석으로 주의를 옮기기 위해서는 우리의 스펙트럼에 놓인 입장들을 정의하는 두 가지 문제, 즉 해석과 인과 관계에 관한 문세를 풀 필요가 있다. 우리는 이러한 인식론적 입장들이 서로 중첩되는 것인지, 구분되는 것인지 보다 분명하게 알기 위해 일반적 추론general inference을 할 때 어느 정도까지 해석학적 방법이 가능한지 살펴볼 것이다.

1) 해석Interpretation

구조와 행위자가 간주간적 이해를 통해 상호 구성된다는 존재론적 가정이 의미하는 바는 구조와 행위자에게 의미를 부여하는 개념(추천 도서 목록 참고)과 동떨어진 객관적 사실이 존재한다는 것을 인정하지 않는다는 것이다. 모든 연구자들은 증거를 수집하거나 어떤 문제를 연구할 것인가에 대한 선택을 할 때 해석 작업을 한다. 그러나 구성주의자들은 어느 정도까지 해석을 해야 하는지에 대해 서로 의견을 달리한다. 예를 들어 어떤 연구자들은 민주화를 평가함에 있어 자유주의적 관점의 인권 규범이 지배적임을 당연하게 받아들이는 반면, 다른 연구자들은 그러한 이데올로기적 헤게모니의 근간을 조사한다. 연구자 자신이 자유주의적 가치를 받아들이는 것인지, 비판하는 것인지의 여부가 일반적 연구 아젠다는 물론, 그 결과로 나타나는 분석에 －적어도 어느 정도는－ 영향을 미친다. 예컨대 남아프리카 공화국을 민주화의 모델로 설정할 때 경제적 불평등 문제를 중요하게 다루지 않는 반면, 다른 나라의 정책들과 남아프리카 공화국의 인종 차별 정책을 비교할 때는 도덕적 판단을 하게 된다.

만약 연구자가 인권 규범과 같은 비교적 안정된 의미stable meanings와 관련해서 현실을 연구하고, 지배적 이데올로기나 연구자 자신의 판단이 연구 결과를 신뢰성 있게 분석하는 데 중요한 영향을 끼친다고 보지 않으면 우리는 그들을 인식론적 스펙트럼에서 실증주의자의 위치에 둔다. “사회적 사실”로서의 규범들은 “그것들이 존재한다고 동의하는 모든 관련 행위자들에 의해”(Ruggie, 1998: 12; 추천 도서 목록 참고) 존재한다. 예를 들어 성문화된 규범들은 권리를 침해하는 것이 무엇인지를 규정하고, 분석자들로 하여금 그러한 규범들의 강점을 평가하도록 해준다. 이러한 관점에서 보면 이론적 틀은 해석적 문제에 의해 영향을 받지 않은 채, 경험적 증거에 대한 결론에 이르게 한다. 연구자들은 문제시되고 있는 규범이 (아마도 탈식민주의적 개념화가 아닌) 개인의 인권이라는 자유주의적 개념과 상통하거나 그러한 개념에 "들어맞는지" 살펴볼 필요가 없다. 학자들이 그러한 규범들 간의 특징, 패턴, 관계를 기술하고 설명하기 때문에 논의의 중심은 상호 경쟁적인 이론 틀과 핵심 개념에 맞추어져 있다.

그와는 반대로, 스펙트럼에서 후기실증주의 측에 있는 연구자들은 사회적 사실에 본질적 특성을 부여하지 않는다. 지배적 행위자들은 어떤 특수한 시점에서 인권이 무엇을 의미하는지에 대해 동의하지만, 이러한 의미들은 종종 비주류적 행위자들에 의해 도전 받고 근본적으로 고정되어 있지 않다. 이 연구자들은 의미의 유동성을 내포하는 "표상representation"과 같은 용어를 선호한다. 학자들이 보다 깊고 보다 함축적인 해석의 테두리에서 연구를 수행하는 것은 불가피하며, 그러한 해석적 테두리에서 학자들 자신의 일반화는 특히 기존에 우세한 해석적 틀을 무의식적으로 받아들이게 된다. 따라서 ―객관적인 역사적 사실이라기보다는 진실에 대한 주장으로서의― 지식은 권력과 밀접한 관계가 있고, 그 결과 특수한(불평등한) 관계를 지속시키는 "진실의 레짐regimes of truth"을 구축한다. 자유주의적 개인주의는 이른바 서구 개념의 인권을 강조하고, 현실주의는 냉전 시대의 외교 정책들을 분석하기 위한 지배적 거대 서사를 제공하며, 마르크스주의는 세계화에 대한 다수의 비판자들에게 지배적인 거대 서사를 제공하는 역할을 한다. 실증주의자들이 사회적 사실들을 상대적으로 문제시하지 않고 그대로 받아들이는 반면, 후기실증주의자들은 그러한 사회적 사실들을 볼 때 이데올로기적 탐구가 필요하다고 본다.

우리는 이 책의 저자로서 각각 이 스펙트럼의 서로 다른 양극단의 입장을 취하고 있다. 그러나 어느 하나의 인식론적 우월성을 강조하는 사람들과는 달리, 우리는 간주간적 이해의 고정성 여부를 경험적 문제로 취급한다. 우리는 특별한 의미들이 때로는 일반화된 사회적 사실로서 취급된다는 것에 동의하며, 이러한 가정이 다른 시대에 문제가 된다는 것을 인식하고 있다. 예를 들면 어느 연구자이든 국제법이 자유주의적 인권 규범을 성문화하고, 초국가적 상호 작용에 있어 상대적으로 일반화된 사회적 사실로서 작용한다는 경험적 결론에 도달할 것이다. 연구자들은 이러한 규범들에 대한 도전이 어떤 것들인지 살펴볼 수도 있다. 연구자들은 경험적 그리고 규범적 입장에 따라 그러한 도전들이 중요한 것인지 중요하지 않은 것인지, 긍정적 혹은 부정적인 것인지에 대해 의견을 달리할 수 있다. 후기실증주의자들은 언어를 사용하고, 담론을 기술하며, 권력을 이론화할 정도의 의미들의 고정성을 받아들이고 있다. 실증주의 학파의 입장에 동조하는 구성주의자들은 "경쟁contestation"보다는 "변화change"라는 단어를 사용하지만, 의미의 유동성에 유의하고 있다. 결과적으로 우리는 연구자들이 사용하는 어휘에 기초한 연구에 대해 어떤 판단도 내리지 않는다. 그러한 판단을 내리기보다는, 구조와 행위자 간에 관계에 대해 학자들의 연구가 어떤 통찰력을 제공하는지에 따라 그들의 연구를 평가한다.

2) 인과 관계Causality

방법론적 스펙트럼에서 실증주의에 더 가까운 구성주의자들은 사회 현상들을 일반화할 수 있는 개념으로 설명하고자 한다. 이들은 행동의 "법칙"을 끌어내려고 하지는 않지만, 그들의 설명이 보다 넓은 경험 세계에 적용될 수 있는지를 중요하게 생각한다. 반면 후기실증주의자들은 하나의 설명으로 귀결될 수 없는 복잡성과 특수한 맥락에 기초한 주장을 더 중요시한다. 이들은 대개 단일 사례 또는 여러 사례에 대한 (상대적으로) 종합적 이해를 추구하며, 종합적 이해를 추구함에 있어 이러한 사례로부터 "교훈"을 도출하기도 한다. 경험의 특수성을 더 중요하게 생각한다는 것은 인식론 논쟁에서 볼 때 이해에 대한 추구로 종종 특징 지워지며, 이는 경제학이나 사회학이 아닌 역사학과 인류학과 같은 인문 과학과 관련된 접근방식이다. 그러나 설명explanation과 이해understanding간의 이분법은 과학과 인문학 간에 드리워진 지나친 경계에 근거해 있다. 과거 50년 동안 정치학과 국제관계학은 물론 인류학, 역사학, 경제학, 그리고 사회학 등 모든 분야에서 학자들은 과학을 옹호하거나 비판해 왔다. 이러한 논쟁의 한복판에서 구성주의자들은 복잡하고 다수의 인과 관계에 의하고 맥락에 근거한 설명들을 제시하는데, 그렇게 하지 않는 것은 구성주의 존재론의 기본 가정에 모순되는 것이다. 차이는 과학을 옹호하거나 비판하는 주장들이 무엇에 관한 것인지에 따라 있는 것이지, 이러한 주장을 했는지 안 했는지에 근거한 것이 아니다.

구성주의자들을 구별하는 주요한 척도는 구성적constitutive 주장과 인과적causal 주장 간에 찾아볼 수 있다. 하지만 "인과성"이라는 단어가 상당히 유동적이기 때문에, 이 둘을 분명히 구별할 수 있는 방법은 거의 없다. "어떻게 가능한가how possible"에 대한 구성적 질문들을 "왜why"와 관련된 인과적 질문들과 구별하는 것은 설명과 이해를 잘못 구별하는 것과 유사하다. 물론 의미를 다루는 연구들이 행동을 유발하는 상황을 어떻게 이해할 것인가에 대해 이야기하고, 인과 관계에 기반한 연구들이 행동을 설명하는 관점에서 논하는 경향이 있는 것은 사실이다. 분명 위의 용어들은 서로 바꾸어 사용할 수 없지만, 실제로는 상당히 중복되는 부분들이 있다. 행동을 설명한다고 말하는 연구자들은 의미를 해석하기도 하고, 언어를 이해하는 것에 주안점을 두는 연구자들은 어느 정도 행위를 설명하기도 한다. 대안적으로 말하자면, 구성적 질문과 인과적 질문을 구별하는 방법으로서 속성과 행동을 분리하는 것은 행동이 바로 그러한 속성들을 정의한다는 것을 간과하는 것이다. 즉 "어떻게 가능한가how possible"에 대한 질문들은 "무엇what"에 관한 질문들로 연결된다. 범주화는 "무엇"에 관한 질문들에 답하지만, 유형화는 설명의 주요 요소이기도 하며, "무엇" 또는 "어떻게", "왜"와 관련된 질문들 간의 뚜렷한 경계선을 두고 있지 않다. 따라서 구성주의자들은 구성적 질문에 대해 인과적 대답이 나올 수 있는 가능성 혹은 그 반대 가능성을 열어두어야 할 것이다.

상호 구성의 존재론에 다시 초점을 맞춰 이러한 문제들을 구조와 행위자의 관점에서 다시 생각해 볼 수 있다. 구조적 접근법은 그것이 관념적이건 유물적이건 간에, 행동을 어떻게 가능하게 하고 제어하는지에 주안점을 둔다. 상황적 인과성이라는 개념은 구조의 영향을 포착한다. 사람들은 일련의 특정한 사회적, 역사적, 또는 공간적 상황에서 (실증주의적 용어로 보면) 예측 가능한 방식으로 행동하거나, (후기실증주의적 용어로 보면) 지배적 관행들을 재생산하곤 한다. 이러한 분석들은 행동과 언어에 대한 맥락에 근거한 일반화를 가능하게 한다. "어떻게 가능한가"에 대한 질문들에 대답하기 위한 연구들은 이러한 맥락을 구성하는 상황을 기술하며, 분석가들이 이러한 상황을 변수라고 부르는지 어떤지에 상관하지 않는다. 연구자들이 왜 어떤 상황이 특정한 행동에 이르게 하는지 설명하는 메커니즘을 제시하기 전까지는 이러한 상황의 중요성을 강조하는 주장들도 상호 연관적correlational 논리에 의존한다. 이렇게 메커니즘에 주의를 기울임으로써 과정들이 구조와 행위자 간의 관계를 형성한다는 것을 강조한다.

사람들의 행동에 대한 구성주의자들의 대안적 주장들은 인과성 문제를 분명히 함으로써 인식론이 아닌 존재론적 차원에서 도출된다는 것을 밝힌다. 사람들이 특정한 방식으로 행동하는 것은 언어에 의해 조건 지어졌기 때문일 수 있으며, 언어로 인해 사람들이 세상에 대해 다르게 이해하는 것이 불가능하기 때문이다. 다르게 말하면 사람들은 특정 상황에서 사회적, 물질적 혜택을 의식적으로 계산할 수도 있다. 도구적 합리성을 가정하는 연구자들은 목표 순위를 조사하는 반면, 행동이 습관에 의해 비롯된다고 여기는 연구자들은 사회적 역할을 정의하는 규칙들을 기술할 것이다. 연구자들은 행동의 원인에 대한 가정을 세울 것이 아니라, 이것들을 경쟁적 설명 틀로 탐구해야 할 것이다.

이러한 대안적 설명들의 타당성을 어떻게 평가할지에 대해서는 이 장의 뒷부분에서 논의할 것이다. 지금으로서는 언어, 의미, 상징, 문화, 담론—구성주의적 존재론의 핵심에 놓여 있는 간주간적 모든 현상들—이 "왜" 인과성과 관련된 분석의 주요 요소로 남아 있음을 강조할 따름이며, 이는 구성주의자들이 인간의 의도성을 가정하고 있기 때문이다. 도구적 계산을 통해서든 도덕적 주장을 통해서든, 사람들이 생각하는 과정은 적절한 방법론을 통해 연구되어야 할 경험적 이슈로 남아 있다.

3. 방법론Methodology

연구자들은 그들의 연구 수단을 어떻게 선택할 것인가

우리는 이제까지 인식론적 차이에 분명한 경계선이 실제로 없다는 것을 제시했지만, 이러한 구별이 사회과학 전반에 널리 만연해 있는 것이 사실이다. 1950년대에 행태주의 혁명이 있었지만, 인류학자들은 여러 사회를 이해하고자 하는 노력으로 민속학 연구 방법을 사용하는 것을 멈추지 않았고, 사회학계에 언어학적 변혁이 있었던 1980년대 이후에도 사회학자들은 인과적 주장들을 하는 경향이 있었다. 구성주의 연구자들도 이러한 학제적 전통을 따르는 데 예외가 아니었다. 의미 또는 행동을 분석함에 있어 연구방법론 간의 뚜렷한 경계를 본질적으로 적절하다고 받아들이기보다, 우리는 핵심 개념을 어떻게 정의하는가가 연구 방법을 선택함에 있어 출발점이 되어야 한다고 생각한다. 그때서야 비로소 연구자들은 구성주의 접근의 핵심에 놓여 있는 상호 구성의 과정들을 포착하는 데 가장 적합한 방법이 무엇인지 평가할 수 있을 것이다.

개념화의 중요성이 방법론의 핵심 요소임을 예시하기 위해, 우리는 두 그룹의 구성주의자들이 "전략적 문화strategic culture"에 대한 범학제적인 관점을 발전시키기 위해 어떻게 다양한 담론 분석을 사용했는지 비교할 것이다. 인식론적 스펙트럼에 있어 명백히 실증주의의 끝 지점에 놓여 있는 저서인『국가안보의 문화: 세계 정치에 있어서의 규범과 정체성*The Culture of National Security: Norms and Identity in World Politics*』(Katzenstein, ed. 1996)은 가설과 일반화와 관련된 사회학적 개념들에 근거하고 있다. 반면『불확실성의 문화들: 국가, 공동체, 그리고 위험의 생산*Cultures of Insecurity: States, Communities, and the Production of Danger*』(Weldes et al, eds. 1999)에서는 명백하게 인류학적 통찰력에 근거하고 있다.

1) 개념Concepts

구성주의자들은 "안보"를 군사력 배치에 의해 결정되는 객관적 특성이라기보다 문화에 의해 역사적으로 조건 지어지는 관계라고 보고 있다. 그러므로 우리는 상황적 의존성과 맥락을 중요시하는 방법론을 선호한다. 실제로『국가안보의 문화*The Culture of National Security*』와『불확실성의 문화들*Cultures of Insecurity*』을 저술한 저자들은 일종의 해석의 필요성을 인정하고 있다. 이 두 저서에서 다수의 저자들은 역사적 관점을 가지고 단일 또는 비교 사례를 채택하여, 광범위한 자료 조사를 하거나 기존 연구의 재해석에 기반하여 보다 포괄적인 이야기를 하고 있다. 그러나 이러한 공통 연구 관심사는 서로 다른 이론적 용어들을 통해 명시화된다.

저서의 제목만으로도 각 그룹의 인식론적 위치를 알 수 있다. 실증주의적 측면에서 둘 다 단수로 취급된 "문화culture"와 "정체성identity", 그리고 "규범norms"이 의미하는 바는 편향된 의미들의 해석과 상관없이 공유되고 인식된다는 것이다. 따라서 문화와 정체성은 사회생활의 다른 특성들로부터 고립되어 있고, 군사 정책에 있어서 국가의 선택을 설명해 주는 변수들로 취급되며, 사례들 간의 비교를 위한 기초를 제공해 준다. 이 저서의 다수의 저자들은 전략적 행위를 저지하거나 장려하는 특정 규범에 초점을 두고, 기존의 무기 확산 패턴, 화학 무기와 핵무기 사용의 금지, 그리고 점차 발전하는 인도주의적 개입의 관행을 포함한 규범들을 다루고 있다. 공동체에 속한 사람들이 규범의 힘을 빌리기 위해 공유하고 있는 기대를 종종 명확하게 표현하기 때문에 학자들은 국가의 순응 패턴을 보여주기 위해 공식(국가 혹은 국제 차원) 문서들을 포함한 텍스트를 사용할 수 있다. 이러한 패턴들은 규범들이 행동에 영향을 준다는 주장들을 입증할 수 있다. 다른 학자들은 공식 성명과 이와 관련된 행동 패턴에만 전적으로 의존하는 주장들에 대해 회의적이다; 이들 학자들은 정책 결정 과정에 대해 더 많은 통찰력을 원하고, 따라서 여러 방법론 중에서도 인터뷰에 더 중점을 두고 있다.

하지만 일단 연구자들이 시간 또는 공간에 따른 문화적 변화를 인정할 때, 경쟁적 세계관에 대한 문호는 열려 있다. 또한 어떤 단일 문화나 일관성을 띤 문화가 반드시 지배적인 것은 아니다. 따라서 "생산"과 다수의 "문화들"과 같은 후기실증주의 어휘들은 사회를 이해함에 있어 지배적 구조와 연구자 자신의 가정들을 포함하여 유동성fluidity, 유연성malleability, 논쟁contestation, 그리고 상황적 의존성contingency의 개념들을 제시한다. 예측 가능한 형식으로 국가 정책에 영향을 미치는 고정적인 군사 문화를 제시하기보다, 이들 학자들은 그러한 문화가 결코 고정적이지 않으며 또 지속적인 영향력을 발휘하기 위해 상당한 노력이 필요하다는 가정을 가지고 출발한다. 국가 정책이란 분석되어야 할 결과가 아니라, 안보의 특정 개념들을 암시하는 것이다. 이러한 관점에서 볼 때 『불확실성의 문화들Cultures of Insecurity』의 저자들 중 상당수는 아시아, 북미, 중동, 인터넷 공간, 그리고 학계와 같이 다양한 영역에서 어떻게 담론들이 위협의 지배적인 표현들을 생산해 내는지에 주안점을 두고 있다. 이러한 맥락에서 지배의 패턴을 이해함으로써 군사력과 권력을 단순히 동일시하는 것에 대해 분명하고 근본적으로 이의를 제기할 수 있다.

2) 연구 수단Tools

구성주의의 사회학적 변형과 인류학적 변형 간의 차이는 방법론의 틈새 또한 메울 수 없게 만드는 것일까. 우리는 그렇게 생각하지 않는다. 정책 담론으로부터 도출된 증거들, 예를 들어 공식 성명, 기밀 정책 논쟁, 그리고 인터뷰와 같은 증거들은 실증주의 및 후기실증주의 양쪽 입장 모두에서 안보 연구를 가능하게 만들었다. 예컨대 사회 운동을 연구하는 비판 이론자들과 문제 해결론자들은 종종 비정부기구의 기록 보관용 문서들과 민속학적 방법론에 의존하고 있다. 그러나 정책 지도자에 관한 연구처럼 같은 증거에 기초하면서도 권력의 본질과 정책 결정 과정들에 대해 서로 다른 결론에 도달할 수 있다. 즉 증거를 수집하는 연구 수단이 아니라, 개념이 대안적 해석을 가져오게 한다.

어떤 해석이건 간에 다양한 범위의 증거로부터 연구 혜택을 볼 수 있기 때문에 우리는 학자들이 특정 학제적 접근법과 연관된 기술이 아닌, "담론 분석discourse analysis"에 대한 모든 기술들을 능숙하게 사용할 수 있기를 권고한다. 예를 들면 규칙 또는 규범 언어에 대한 연구는 특정 간주간적 이해가 존재한다는 것(그리고 아마도 지배적으로 존재한다는 것)을 보여주는 텍스트로부터 시작된다. 이와 관련된 일차 자료에는 정부, 정부 간 국제기구, 비정부기구의 기록 문서들, 핵심 인물들의 서신과 회고록, 매체 보도, 그리고 인터뷰 자료가 있으며, 이러한 일차 자료들은 이차 자료들을 통해 보완되고 맥락이 설정된다. 조약, 협약, 교섭, 그리고 소송 절차들도 좋은 결과를 가져오는 것이든 위협적인 것이든 간에 행동을 나타낸다. 연구자들은 담론의 비언어적 측면을 간과해서는 안 된다. 사람들이 어떻게 옷을 입는지와 같은 관행들은 비문서적인 증거를 통해 해석될 필요가 있는 의미들을 전달한다. 예를 들어 메달과 리본들로 장식된 제복은 군대 내에서의 개인의 지위와 사회적 서열을 나타내 준다.

그렇게 다양한 증거의 형태들을 파악하기 위해 사회과학과 인문학을 통틀어 광범위한 연구 수단들이 개발되어 왔다는 사실은 놀랄 만한 일이 아니다.

따라서 담론 분석은 대체로 의미가 어떻게 발생되었는지, 그리고 그에 따른 이해의 소통이 어떻게 이루어졌는지를 포착하는 방법론들을 가리킨다. 말과 행동이 맥락 속에서 이해될 때, 연구자들은 －질적 그리고 양적 의미에서－ 여러 다양한 수단을 통해 이러한 말과 행동이 어떻게 사용되었는지 범주화하고 코드화하거나 평가할 수 있다. 특정한 의미들의 상대적 중요성을 평가하기 위해서는 시간이나 공간에 걸쳐 일종의 비교를 하고 변화를 측정하기 위한 기준을 마련하는 것이 필요하다. 그러나 다양한 종류의 암시적, 명시적 비교법이 사용될 수 있다.

궁극적으로 말하자면 방법론적 선택은 연구자 자신의 가치관에 영향을 받을 수 있으며, 연구자 자신의 가치관은 우리가 여과할 수 없는 요인이다. 이 저서의 독자들이 염두에 두어야 할 것은 우리가 가지고 있는 철학적 그리고 윤리적 세계관들－사회 운동에 대한 우리의 관심을 포함하여－이 연구 계획에 대한 평가에 있어 우리가 조명하는 주제들에 영향을 미친다는 것이다. 이에 대해 우리는 어떠한 변명도 하지 않을 것이다. 그러나 그러한 영향이 있다는 사실은 연구자들이 학문성을 평가함에 있어 과연 보편적 기준을 적용할 수 있는지에 관한 질문을 제기한다. 따라서 우리는 이제 타당성 문제를 다루어 볼 것이다.

4. 타당성Validity

연구자들은 자신들이 해석한 바를 어떻게 평가할 것인가

우리 중 누구도 객관적 실재에 대해 정확한 해석을 한다고 주장할 수 없지만, 구성주의자들은 모든 해석이 동등한 실득력을 가지고 있다고 보지 않는다. 따라서 학자들은 특정 분석법이 다른 분석법보다 좀 더 합리적이거나 타당하다고 판단할 수 있는 기준이 필요하다. 놀랍게도 구성주의자들은 경험의 불일치가 나타나면, 그것이 연구 모델을 여러 사례에 적용하기 위해 단순화하는 과정에서 비롯된 것이든, 특정 단일 사례에서 여러 상호 작용을 분석한 것에서 비롯된 것이든 상관없이 해석하는 데 설득력이 떨어진다고 본다. 연구자들은 기존 예측을 확증하는 자료만을 선택(편취bias)하지 않고, 다양한 출처의 자료를 서로 보완하기 위해 수집(삼각화triangulate)하려고 애쓴다. 다양한 종류의 방법론적 수단들의 강점과 약점을 숙지함으로써 연구를 보다 잘 평가할 수 있다.

하지만 이렇게 누구나 공유하고 있는 기준에도 연구자의 가치관이 들어 있다. "정확성"을 계측하기 위한 측정 방법을 선택함에 있어서도 핵심 개념의 정의에 기초가 되는 거시 이론의 가정들이 영향을 미친다(Adcock and Collier, 2001; Rudolph, 2005; Lynch, 2006). 보다 더 근본적인 차원에서 말하자면, 일관성 있는 주장조차도 인간의 본성 및 인간이 아닌 행위자non-human agency에 대한 우주관을 포함하는 여러 암묵적, 사회적 전제들이 영향을 미친다. 어떤 개념은 특정 사회나 역사적 상황에 처해있는 사람들에게 더 설득력을 가지며, 이들이 논리적이라고 받아들이도록 영향력을 행사한다. 핵심 개념의 특정 정의에 대한 윤리적 함의를 다룰 것인지, 아니면 이에 대한 정책 문제에 대응할 것인지는 별개의 문제다.

1) 일반화Generalization

구성주의자들은 확고한 일반화에 대해 회의적이며, 사회과학의 어휘를 사용하든, 비판 이론의 어휘를 사용하든 상관없이 맥락에 충실한 분석을 하는 것을 선호한다. 사회적 존재론에 있어 지식이란 객관적 사실을 정확하게 측정한 결과가 아니다. 그러나 학자들은 어떤 방식으로든 진리를 주장한다. 따라서 연구자들은 일반화와 상세함detail을 어느 정도로 다루어야 할 것인지에 대해 갈등한다. 왜냐하면 이 둘을 동시에 똑같이 만족시킬 수는 없기 때문이다. 일종의 이론 틀 없이 증거 자료에만 완전히 몰두하는 것은 아무 의미를 갖지 못하는 반면, 단순화된 이론 틀은 경험적 분석을 보다 정형화 할 수 있다. 해석하기 위해서는 관련 있는 정보를 선택하는 데 디딤돌이 될 수 있는 몇몇 핵심 개념이 필요하다. 그리고 그러한 개념은 사회적으로 구성된 세계를 이해하고자 하고, 그러한 세계 내에서 행동하려고 노력하는 연구자들이 만든다. 따라서 이론과 증거는 서로에게 방향을 제시해주는 것이다. 보다 신빙성 있는 주장은 일반화에 의존하는 연구와 상세함을 강조하는 연구의 통찰력을 결합하는 것에서 나온다.

이러한 판단은 사례의 개수가 아닌, 연구자의 문제 제기와 분석 목표에 달려있다. 어떤 학자들은 하나의 사례를 연구하여, 시간의 흐름에 따른 변화를 연구하기도 하고, 어떤 이론의 가상 사실이 들어맞지 않다는 것counterfactual foils을 증명함으로써 대안적 가설을 내세운다. 또 다른 연구자들은 가능한 많은 사례들을 다루거나, 적어도 그러한 사례들의 표본을 많이 추출하는 것을 선호하며(만약 이들이 지나치게 엄밀한 측정을 하려고 하지 않는다면), 종종 양적 연구방법론을 사용한다. 범위가 큰 연구에서 볼 수 있는 대응 비교법 paired comparisons과 같은 경우는 다양하게 사례들을 치환하고 조합할 수 있다. 사례 간의 유사점을 강조하는 연구도 있고, 차이를 조명하는 경우도 있다. 이러한 비교법은 연구자들로 하여금 대안적 해석의 일관성을 규명할 수 있게 해준다. 따라서 논리와 일관성을 가지고 증거를 다룸으로써 "보다 훌륭한" 연구를 할 수 있다.

2) 기준Standards

채점, 논문 등재와 출판을 위한 동료 평가peer review를 포함한 학문 체제의 본질은 학자들이 연구의 질을 끊임없이 평가한다는 것을 의미한다. 교수들은 수업 참고 문헌 목록으로 "좋은" 연구 결과물을 선정하고 학생들이 "최고의" 연구에 필적한 성과를 올릴 수 있도록 격려한다. 그러한 긍정적 평가는 반드시 비교를 통해서 가능하다. 암묵적이지만 명백하게, 연구자들은 서술descriptions과 인과적 주장들causal claims을 다른 경쟁적 서술과 인과적 주장들과 비교하여 평가한다. 예를 들어 만약 어떤 설명이 핵심 개념을 보다 분명하게 정의하고 시작한다면, 이 연구는 논리적 측면에서 다른 연구보다 더 일관될 수 있다. 그리고 만약 저자가 주요 주장에 모순되는 것처럼 보이는 일부 자료를 포함하는 광범위한 기록 문서 자료들을 수집해서 연구에 사용했다면, 특정한 역사 해석이 보다 더 설득력을 가질 수 있다. 이러한 기준들은 우리 학문 세계의 규칙에 따른 것이다.

그러나 때로 대조적 설명을 통해 우리는 무엇을, 어떻게, 혹은 왜와 관련된 질문들 간의 중요한 차이를 인식하게 된다. 예를 들어 혹자는 안보에 대한 구성주의 연구가 전통적 외교 정책 연구방법인 관료적 접근법과 어떻게 다른지 물어볼 수 있다. 이에 대한 하나의 답변은 『국가안보의 문화*The Culture of National Security*』에 포함되어 있는 논문들에서 드러나는데, 이 논문들은 중국, 프랑스, 독일, 그리고 일본과 같은 국가에서의 전략적 문화를 기술하고 있다. 이 저서의 논문들은 시간이 흐름에도 불구하고 변화하지 않는 단일한 국가 문화가 존재한다는 것을 거부하고, 그 대신 군사 관행과 전략적 정책 결정에 있어 중대한 변화가 있다는 것을 보여준다. 그리고 관료주의에 대한 다수의 기존 접근법들이 보다 넓은 의미의 사회적, 역사적 맥락들을 기정사실로 받아들인다는 점에 관해 문제를 제기하고 있다. 그리고 『불확실성의 문화들*Cultures of Insecurity*』에 나와 있는 연구물들은 관료들이 창출해 내는 정책의 의미를 재고한다. 예를 들면 국가 혹은 국가의 지도자들은 도구적 목적을 달성하려고 하기보다 정체성을 강화하려고 할지도 모른다. 그렇다면 연구자들은 관료주의의 문화적 맥락이 언제 중요하며, 왜 지도자들이 때로 전략적 또는 경제적 이익보다 정체성을 강화하는 것을 더 중요하게 생각하는지 연구 주제로 삼을 수 있다.

5. 이 책의 구성Book Overview

우리는 구성주의자들이 자신의 인식론적 관점과 관계없이 학문의 기본적 기준에 동의한다는 사실을 인식함으로써 다양한 방법론적 성향 간의 시너지 효과가 배양되기를 희망한다. 이러한 점에서 권력의 작용과 그 결과를 이해하려는 구성주의자들의 공동의 목적을 성취하려면, 인식론적 진영들이 상호간 방법론적 투쟁을 멈출 것을 촉구한다. 구성주의자들은 "규범norms"이든, "표상representations"이든 상관없이 어떤 과정을 거쳐 특정 의미가 당연하게 받아들여지고 지배적으로 되는 반면, 다른 의미는 거론되지도 않고 비주류에 머무는지 이해하고자 한다. 연구자들은 또한 기존의 지배적인 가정이 가져오는 결과와 어떤 가정들은 도전받는 반면 다른 가정들은 그렇지 않은 이유를 파악하려고 한다.

서로 다른 방법론들 중에서 특정 방법론을 선택하는 데 관련된 득과 실stakes을 평가하기 위해 우리는 네 가지 구성주의 핵심 개념인 구조structure, 행위자agency, 정체성identities, 이해관계interests를 중심으로 이 책을 구성했다. 이러한 형식을 통해 우리는 같은 문제에 대해 질문하고 다른 방식으로 답을 찾는 연구를 집중적으로 논의한다. 각 장에서 우리는 다양한 접근법에 대한 개요를 제시하고, 각 접근법의 장점과 단점, 그리고 이러한 접근법들을 실제에 적용할 경우 나타날 수 있는 어려움에 대한 몇 가지 주의 사항들을 논의할 것이다. 각 장을 통틀어, 과정과 결과의 구별, 분석 수준의 결합, 사례 선택, 구성적 동학과 도구적 동학의 구별differentiating constitutive from instrumental dynamics, 연구 설계를 위한 주요 사항들을 지적할 것이다. 우리의 목적은 연구를 수행함에 있어 오직 하나의 옳은 접근법을 제시하는 것이 아니라, 각각의 접근법이 어떻게 상호 보완적이 될 수 있는지 조명하는 것이다.

우리는 먼저 사용 가능한 다양한 연구 수단의 사례를 제시할 것이다. II장에서는 제도화와 구조적 변화를 분석하기 위한 연구 수단으로 거시적 역사 비교macro-historical comparison, 계보학적 접근genealogy, 참여 관찰participation-observation을 소개할 것이다. 그 다음, 이러한 구조 내에서 사람들이 어떻게 행동하는지 이해하기 위한 접근법으로 눈을 돌릴 것이다. Ⅲ장은 서사, 프레이밍, 민속학을 다루고 있다. 물론 구성주의가 행위자와 구조 간의 상호구성을 이해하고자 하기 때문에, 이러한 여섯 가지의 연구 수단 중에 한 가지만으로는 충분하지 않다. 따라서 우리는 이 연구 수단 중 몇 가지를 Ⅳ장과 Ⅴ장에서 다루어 볼 것이다. 정체성이 어떻게 구성되는지를 알아보기 위해, 우리는 계보학적 접근과 서사, 그리고 프레이밍과 민속학을 비교할 것이다. 그 후 이해관계가 어떻게 구성되는지 알아보기 위해 정적 비교static comparison와 과정 추적process-tracing을 대비해서 논의할 것이다. Ⅱ장에서 Ⅴ장까지는 방법론 간에 발생할 수 있는 시너지 효과를 낙관적으로 강조하고, Ⅵ장 결말에서는 구성주의자들 간의 보다 깊은 대화를 방해하는 몇 가지 고질적 장애물에 대해 고찰해 볼 것이다.

II

구조

Structure

Ⅱ
구조
Structure

구성주의자들에게 있어 안정된 의미들은 구조를 형성한다. 예를 들어 냉전 시대 경쟁 구도라는 담론의 반복은 북대서양조약기구NATO와 같은 제도 내부의 정체성을 정착시켰다. 거의 대부분의 경우 이러한 구조는 주변부에서부터 변화하지만, 가끔 매우 극적으로 변화하기도 한다. 경쟁적 의미들 사이에 피할 수 없는 논쟁은 핵무기 감축이나 베를린 장벽의 붕괴와 같은 혁신과 개혁을 위한 가능성을 열어 준다. 1980년대 동유럽 개혁 당시 핵 억제력의 의미가 안정화된 것은 일반적인 사회적 가정들을 사람들이 답습하기도 하고 또 이와 동시에 그러한 가정들에 도전하기도 했다는 사실을 예시해 준다. 새로운 인권 규범, 경제 이데올로기, 그리고 적대적이거나 우호적 언어는 냉전 시대의 미국, 소련, 유럽, 그리고 나머지 세계 관계에 군사력 또는 경제력의 목적을 다시 정의 해주고, 그 관계들을 전환할 수 있는 시스템의 대폭적인 변화를 만들어내게 한다. 유럽의 특정 국가에서 국내 레짐의 정통성과 같은 특정 제도의 변화는 하나의 시스템 변화를 나타내지만, 그렇다고 해서 유럽 국가들의 지속적인 존재를 보장해주는 주권 규범과 같은 다른 구조의 변화를 동시에 가져오는 것은 아니다.

의미가 사람과 국경을 넘나든다고 할 때, 권력이란 단순히 군사 기술이나 자본 투자를 통제하는 능력에 달려있다기보다는 특정하게 공유된 이해understanding를 지배하는 것에 달려있다. 예를 들면 유럽에서 공산주의 붕괴 이후, 이전에 생각지도 못했던 관계들이 가능해졌다. 국제 체제의 이러한 진화를 분석하기 위해, 구성주의자들은 핵무기나 공장에 대해 사람들이 어떻게 인식하는지 추적한다. 의미가 구조를 형성하게 되는 맥락을 연구함으로써 구성주의자들은 언제, 어떻게, 그리고 왜 특정한 관행들이 비교적 고정화되고 다른 관행들은 여전히 유동적인지를 조사한다. 외교 관행과 같은 행동의 규칙을 통해, 제도는 질서를 제공하고, 행위자들의 기대치를 고정화시키며, 권력 관계 조정에 대한 상호 이해를 반영하는 기능들을 수행한다. 적어도 관찰자들의 눈에 제도가 지속적으로 존재할 때, 구조(제도적 관행들로부터 비롯되는 규칙과 안정적 의미의 결합)는 인과적·규범적 힘을 얻게 되는데 이는 사람들이 이러한 패턴과 규칙에 근거하여(혹은 이러한 것들에 대항하는 반응으로써) 행동하기 때문이다(Wendt and Duvall, 1989; Onuf, 1998; Wendt, 1999).

구조라고 하는 단어가 세계 사회 체제, 이슈별 국제 레짐, 그리고 공식 조직들을 포함한 거의 모든 종류의 사회 질서를 망라하여 사용되기 때문에 어떤 구성주의자들은 구성주의 어휘에서 구조라는 단어를 사용하지 말자고 주장한다. 다른 구성주의자들은 더 나아가, 이 단어가 지나칠 정도로 고정적 의미를 함축한다고 주장한다. 이와는 달리 우리는 구조라는 용어를 사용함에 있어 불편을 느끼지 않지만, 분석 수준과 집합 정도에 따라 구조의 대안 형태들을 제시하고자 한다. 즉 의미는 규칙으로 고정화되고, 일련의 규칙은 제도를 구성하며, 제도의 결합체가 구조를 구성하게 되는데, 이러한 구조는 체제를 구성하는 구성물들이기도 하다. 우리는 유물론자, 합리주의자, 구성주의자의 이론 틀을 비교하는 주장들(Hasenclever et al. 1997; Katzenstein et al. 1998)을 다시 논하지 않을 것이나. 그 대신 대안적 형태의 담론을 선택하는 것이 어떻게 연구자들로 하여금 실질적인 질문을 던지고 어느 특정 해석적 방법론을 선택하는 데 영향을 미치는지 살펴볼 것이다. 세 가지 분석 수준에 있어 구조가 어떻게 나타나는지 살펴봄으로써 학자들이 거시적 역사 비교, 계보학적 접근, 그리고 참여 관찰을 어떻게 사용하는지를 검토할 것이다

1. 거시적 역사Macro-History

국제관계학에서 가장 초반에 나타난 몇몇 경험적 구성주의 연구는 국가가 언제나 국제 체제의 가장 중요한 "단위"의 위상을 차지하고 있지 않았다는 것을 보여주기 위해, 그리고 이러한 단위가 시간이 흐름에도 불구하고 늘 같은 기능만을 수행해 온 것이 아니라는 것을 보여주기 위해 역사 기술을 중심으로 연구를 진행했다(Ruggie, 1983). 예를 들어 중세 시대에는 이질적인 단위들 사이에 여러 주권이 중첩된 체제를 유지하면서 천주교 교회가 위계질서의 최상위에 섰던 시대였다. 이러한 해석은 현실주의 이론의 근본 주장에 도전하는 것이다. 현실주의 이론에 따르면 근대 국가들, 그리고 근대 이전의 모든 시대에 있어서 국가와 유사한 단위들이 자조 체제self-help system 하에서 기능했으며 이 자조 체제에는 전체를 아우르는 그 어떤 권위 체제도 존재하지 않았다고 하나, 실은 로마 교회가 그 역할을 수행하고 있었다. 그러한 극적인 역사적 변이를 보여주기 위해서 고대, 중세, 근대 체제들 간에 존재하는 "커다란big" 구조의 중요한 구성물들을 찾아내어, 시대 간 이러한 변화들의 근저에 자리 잡고 있는 "대규모large" 과정들을 구별해 내는 "거대한huge" 비교를 할 필요가 있다(Tilly, 1984; Mahoney and Rueschemeyer, eds. 2003). 고대 체제와 중세 체제의 특징을 비교 준거점으로 둘 때, 현대 국제 체제의 본질을 보다 깊이 고찰할 수 있다.

1) 비교Comparisons

구성주의자들은 시대 간 비교를 위해 무엇을 기준으로 삼아야 할지, 그리고 국제 체제의 유의미한 단위들이 무엇인지에 대해 논쟁한다. 예를 들어 리우 스밋Reus-Smit(1999)은 고대 그리스에서 현재에 이르기까지 지속되고 있는 무정부 상태의 증거로 펠로폰네소스 전쟁이 흔히 예시되고 있는 것에 대해 이의를 제기한다. 대신에 그는 그리스인들이 갈등 해소 규범을 적용함에 있어 어떻게 도덕적 논증과 수사학을 사용했는지 투키디데스Thucydides가 상술하고 있다고 주장한다. 도시 국가들은 분쟁을 조정하는 방안으로서 중재 재판을 중시했고, 이에 따라 그들 간의 관계를 구조화하는 "근본적 제도"를 창출했다. 리우 스밋의 분석은 정치적 단위들, 그 단위들 간의 관계들을 조정하는 사회적 관행들과 이 관행들에 배태되어 있는 정통성의 개념들 간의 연관성을 강조한다.

도덕적 권위와 정통성과 같은 개념은 17세기를 "근대" 시대로의 전환점으로 보는 것에 문제를 제기하는 새로운 시대 구분의 근거를 제공한다. 이탈리아 도시 국가, 절대 국가, 그리고 근대 질서 간의 차이를 보다 엄밀하고 자세하게 살펴봄으로써, 리우 스밋은 19세기 초반의 다국간 및 주권의 관행들이 17세기의 그것들과 뚜렷하게 다르다고 주장한다. 리우 스밋은 그리스 도시 국가 간의 힘의 균형에 변화를 가져오는 주요 요인으로서 군사력의 우위가 아닌 아테네의 도덕적 권위가 쇠락한 점을 강조함으로써, 고대 시대와 다르다는 것을 보여준다. 그러나 국제법을 다르게 개념화하면 시대 구분이 달라진다. 예를 들어 데르 데리안Der Derian(1987)은 마르크시즘의 개념인 "소외alienation"와 포스트모던 개념인 "소원estrangement"을 결합하여, 고대 문명 신화에서 출발하여 기독교 시대를 거쳐 현대에 이르기까지 외교 정책에 대한 독특한 해석을 제공한다.

조직 개념organizing concept으로서 어느 특정 개념을 다른 개념보다 선호하는 것이 우리에게 시사하는 바는 이러한 역사적 논쟁들이 연구자들의 세계관에 의해서 형성되기도 한다는 것이다. 거시적 역사 변화에 관한 대부분의 연구들은 유럽 중심적 사고관을 무비판적으로 받아들이고 있으며, 그로보기Grovogui(1996)는 이러한 서양 중심적 사관에 도전한다. 그의 주장에 의하면 식민주의는 국제법이 권력의 불균형을 제도화한다는 것을 보여준다. 다수의 법 전문가들은 국제법이 서양 문화의 산물이라는 점에 동의하지만, 국제법이 서양의 산물이라고 해서 국제법의 기능을 약화시킨다고는 선뜻 결론짓지 못하고 있다. 그로보기는 국제법이 어떻게 개혁의 수단으로서 기능할 수 있고, 또 동시에 어떻게 탈식민지화 과정을 조정하는지를 추적하여 이에 맞서고 있다. 제도적 환경의 영향이 얼마나 복잡한지 인식하고, 그러한 제도들을 유지하거나 변화시키는 데 있어 행위자와 구조 간의 상호 작용의 역할을 인식함으로써, 우리는 국제 체제에서 권력의 의미를 보다 섬세하게 이해할 수 있다.

2) 권위적 관행Authoritative Practices

도덕적 권위와 정통성을 살펴봄으로써 거시적 역사 구조의 안정성은 물론 변화의 원천을 보여주는 구성적 과정들을 조명해 볼 수 있다. 관행이 변화하는 데 관련 있는 메커니즘을 분석함으로써 구성주의자들은 구조를 천천히 움직이는 과정으로 이해할 수 있게 된다. 중세 시대의 사회적 관행은 자연법에 대한 교회의 해석에 근거하기 때문에 유럽에서 교회의 도덕적 권위를 제공하는 버팀목이 되었다. 그러나 학자들은 교권이 중세 유럽을 확고하게 장악하고 있었다고 제시하면서, 이 시대를 너무도 자주 정적인 시대로 다룬다. 이와는 반대로 홀Hall(1997)은 수많은 경제적 그리고 사회적 과정들이 군주와 교권 간의 관계를 불안정하게 만들었다고 주장한다. "성직 특권의 정당성sacerdotal legitimacy(군주가 신성에 의해 인가 받는다는 개념)"이라는 제도는 9세기부터 11세기까지 번성했고, 교회를 우선시하는 위계 구조를 만들어냈다. 그러나 봉신들과 영주들은 그들의 제한적 권력에 불만을 가지고, 군사력을 확대하기 시작했다.

교권에 대한 이러한 도전에 직면하여 역대 교황이 대응한 것은 봉신-기사들이 유럽 외부에서 교회를 위해 싸우는 대가로, 즉 십자군에 참여하도록, 면죄부와 사후의 미래를 보장해 주는 계약을 제공하는 것이었다. 또한 이것은 통치자(군주와 주교), 기사, 그리고 노동자 간의 사회 계약으로서 기사도를 점차 제도화했다. 재구성된 "교회 전사 계급"과 경제 발전과 계급 발전을 연결시킴으로써, 교회는 도덕적 권위를 이용하여 교권에 대해 일어날 수 있는 급진적 도전을 적어도 수세기 동안 막아 왔다. 교회의 지배가 계속되었던 반면, 이 전반적인 구조 내의 관계는 도전자와 권위자 간의 상호 작용 결과 점차 변화하였다.

리우 스밋이 기술하는 바와 같이 관행은 다른 시대에서도 시간이 흐름에 따라 서서히 변화했다. 르네상스 시대에 이탈리아의 도시 국가들은 수사적 외교 정책을 사용하기 시작했으며, 이 정책은 왕자들과 왕들이 상시 외교 사절로 파견되면서 확산되었다. 1648년의 웨스트팔리아 평화조약 이후, 개별 군주들은 기존의 관행을 수정하고 그들 간 상호 작용을 위한 새로운 형식을 개발함으로써 통치력을 강화했다. 이러한 정책들은 통상적으로 양국 간 관계에서 일어나는 기존 외교 정책과 자연법을 점진적으로 수정한 개념을 결합시켜, 결과적으로는 일정한 지리적 경계 내에서 신을 대표하는 절대 군주의 신성한 구역을 만들어냈다. 봉건 체제가 마침내 국민 국가 체제에 자리를 내주게 되었을 때, "주권" 제도는 절대 군주의 권력을 교회보다 우위에 두고 강화했다. 19세기를 거쳐 20세기까지, 이렇게 지리적으로 구획화된 국민 국가들은 주요한 정치적 단위가 되었다. 나폴레옹이 패권을 쥐려고 하는 시도가 초기 근대 유럽의 제도들을 붕괴시키고 외교관들로 하여금 (비파괴적이라는 의미에서) 평화로운 국가 간 관계를 촉진시키는 메커니즘을 추구하도록 압력을 가했을 때 다국적 외교 정책이 주목을 받기 시작했다. 교회가 도덕적 설득을 통해 봉신들로 하여금 십자군 전쟁에 참여하게 했던 반면, 국민 국가의 도덕적 권위는 시민권에 근거해 있었다.

거시적 수준에서 구조를 비교할 때 국제 체제의 점진적 변화에 대한 연구가 가능하다. 그러나 구조를 서서히 움직이는 과정들이라고 파악하는 것은 시대간 비교가 사회적 안정성 또는 대규모 사회 변화의 동학을 살펴보는 것을 의미한다. 하지만 안정성 또는 동학 연구에 있어 보다 더 적절한 특수한 방법론적 접근법들이 있다. 예를 들어 리우 스밋은 사회별로 제도의 (비교적) 정적인 단면들을 채택하여 관행들이 실제로 다르게 나타난다는 것을 보여준다. 이와는 반대로 홀Hall은 시간이 지남에 따라 한 사회 내부에서 일어나는 변화를 분석하는데, 이러한 연구는 계급 또는 집단 정체성의 개념 변화와 같이 변화의 동학을 강조한다. 무엇이 사람들로 하여금 "a지점"에서 "b지점"으로 이동하게 하는지를 집중적으로 조명함으로써, 장기간에 걸친 비교 연구는 변화를 가능케 하는 결정적인 메커니즘을 찾아내는 데 도움을 준다. 그러나 순서법sequencing을 본질적으로 강조하는 것은 결정주의에 대한 문제의식에 도달하게 한다. 만약 역사라고 하는 것이 변수들과 사건들의 특정한 연속의 집합체라면, 사회 내의 제도들을 바꾸기는 어렵다. 다른 사회에서의 특정한 연속과 비교함으로써 어떤 메커니즘이 가장 중요하고, 언제 그러한 메커니즘이 중요해지는지에 대한 통찰력을 얻을 수 있게 된다.

3) 역사적 증거Historical Evidence

리우 스밋과 홀은 거시적 역사 비교 접근을 채택하는 다른 다수의 연구자들과 마찬가지로, 펠로폰네소스 전쟁 또는 웨스트팔리아 조약과 같은 이차 자료와 주요 텍스트들에 수시로 의존한다. 이러한 고전들을 다시 읽을 때, 이들은 관련 분야(예를 들면, 역사학, 고전학, 지역학)의 전문가들의 도움을 받아, 텍스트의 의미를 당시 역사적, 문화적 맥락과 연관 지어 해석하고, 다른 해석이 가능한지를 검토한다. 예를 들어 리우 스밋이 투키디데스에 대한 해석에 있어 현실주의자들과 극명하게 의견을 달리하는 이유 중의 하나는 그가 도덕성과 중재arbitration에 대한 주장을 밀로스의 대화Melian Dialogue에 나오는 한두 줄을 뽑아 분석한 것에 기초한 것이 아니라, 고대 그리스에 대한 심층 연구에 기초를 두었기 때문이다(Lebow, 2003 참조). 마찬가지로 마키아벨리를 "힘은 정의를 만든다might makes right"라고 주창했던 것 이상의 복잡한 함의를 지니는 인물이라고 읽는 연구자들은 수사학, 공화주의, 그리고 권력에 대한 이탈리아인들의 인식이 단순하지 않다는 것을 보여주기 위해 이차 자료와 함께 "군주론The Prince" 뿐만 아니라 "정략론The Discourses"을 살펴본다(Walker 1993). 의미를 맥락화하는 것은 현 시대의 관심과 개념들을 이전 시대 사람들의 개념에 투사하려고 하는 경향을 없애는 데 도움을 준다(그러나 완전히 막을 수는 없다).

이차 자료에 지나치게 의존하는 연구들은 특정한 역사적 해석에 동의하는 텍스트만을 선택하는 위험이 있을 수 있다(Lustick, 1996). 특히 구성주의 학자들은 왜 어떤 문헌들이 주요 역사적 지점을 가리키는 판단 기준의 표준이 되는지 종종 의문을 품기 때문에, 고문서 자료를 사용하는 것은 충분한 주의를 필요로 한다. 예를 들어 웨스트팔리아 평화조약은 거의 예외 없이 중세와 근대를 구분하는 데 사용된다. 또 다른 판단 기준이 될 수 있는 문헌에는 도마스 페인Thomas Paine의 인간의 권리Rights of Man, 미국의 독립 선언, 베를린 조약, 유엔 헌장, 브레튼우즈 협정, 조지 케난George Kennan이 "엑스X"라는 익명으로 기고한 논문, 그리고 헬싱키협약이 있다. 이러한 문헌을 선택하는 것은 종종 국가 행위 또는 국제 구조에 대한 기존의 인식을 반영한다. 그 대신 이 문헌들을 조사함에 있어 이차 자료뿐만 아니라 같은 기간의 다른 텍스트들을 함께 보완함으로써 얼마나 많은 조약, 헌장, 또는 협약이 이전 질서에 대한 관행들을 반영해 왔는지, 또는 새로운 질서를 표출하는지에 대해 통찰력을 키워줄 수 있다. 따라서 연구자들은 관행을 재생산하거나 변화시키는 것과 관련된 과정들을 추적하기 위해 다양한 자료들을 함께 사용할 수 있다.

그러나 일차 자료를 구할 수 있는지 여부가 거시적 역사 해석에 분명한 한계점을 보여준다. 펠로폰네소스 전쟁에 관한 연구가 하나의 예로, 이 연구에서 연구자들은 투키디데스의 역사와 고고학적 발견에 전적으로 의존하고 있다. 예컨대 투키디데스가 정책 결정가들의 연설들을 정확하게 해석했는지를 평가하기 위해 정책 결정가들을 면담하거나 자서전을 읽는 것은 가능하지가 않다. 학자들은 증거에 포괄적으로 접근하지 못하는 것에서부터 비롯되는 한계를 염두에 두어야 할 것이다. 이것은 거시적 수준의 분석에만 국한되는 한계가 아니다. 예를 들면 어떤 고문서 자료라도 일부 의견만을 보관하고 있다(우리는 Ⅲ장에서 이점을 다시 거론할 것이다). 어떤 분석을 위해 모든 관련 자료들을 모두 소지하고 있는 것은 불가능하지만, 그래도 연구자들은 이 문제점을 인식하고 있어야 할 것이다.

2. 계보학적 접근Genealogy

성직자, 군주, 기사, 봉신, 그리고 소작농 간의 상호 관계에 관한 홀Hall의 연구가 보여주듯이, 구성주의자들은 비교적 안정적인 구조 내부에서도 잠재적 변화 가능성을 보고 있다. 이러한 가능성은 종종 현실화되지 못하기 때문에(Cederman, 1997; Mahoney and Rueschemeyer, eds. 2003), 연구자들은 행위자들이 어떻게 특정 관행들을 정당화하고 다른 관행들을 정당화시키지 못하는지를 조사한다. 필연적 단계들을 제시하거나 구조적 변화를 설명하기 위해 변수들을 분리시키는 결정론적인 주장들에 맞서, 과정을 중시하는 "계보학적" 접근법은 인과요인보다는 의미를 둘러싼 논쟁과 여러 상황들이 어떻게 결합되는지conjunctures를 강조한다. 특정 사회 내부 및 시대별 권력 관계들을 이해하기 위해 계보학적 접근법은 담론discourses(언어와 관행 모두 포함)의 연속성과 변화를 모두 보여준다. 니체의 철학과 밀접하게 연관되어(추천 도서 목록 참조) 가장 영향력 있는 사례 중의 하나로는 푸코Foucault(1997)의 중세와 근대의 처벌 관행에 대한 비교가 있으며, 데르 데리안Der Derian(1987)의 고대에서부터 현대에 이르기까지의 외교 담론에 관한 연구는 니체의 연구를 처음으로 국제관계학에 적용한 연구물 중의 하나다.

계보학적 접근법이 어떤 분석 수준에도 적용될 수 있지만, 이 방법론은 주로 국제 레짐 연구에 사용되어 왔다. "국제 레짐"의 개념은 특정 이슈별 비공식적 규칙과 공적 조직에 기반한 패턴화된 질서로 간주되어 왔다. 국제 레짐은 글로벌 거버넌스의 주요 아젠다인 화폐, 무역, 안보, 환경, 인권 등의 분야에서 행위자들(통상적으로 국가가 행위자로 인식되어 왔지만, 국가 간 관료들과 비정부기구들도 포함)이 사회 목표social purpose와 기대되는 행동에 대해 이해를 공유하고 있다고 가정한다. 구성주의자들의 초기 저작들은 국제연합, 국제 사법 재판소, 관세 및 무역에 관한 일반협정GATT, 그리고 (현재) 유럽 연합과 같은 공식 조직 안팎의 규칙과 규범에 초점을 두어 왔다. 이러한 제도의 간주간적 본질을 파헤치면서, 크라토크윌과 러기Kratochwil and Ruggie(1986)는 근본 개념 문제를 지적했다. 즉 레짐에 관한 연구들이 의미를 분석하기 위해 관찰된 행동에 일반적으로 의존한다는 것이다. 페미니즘 이론가들은 국제 레짐들이 "남성적" 세계관을 반영하는 규범에 배태되어 있는 성별화된 관행들을 드러내 보이지는 않지만 이러한 관행들에 의해 운영되고 있다는 점에서 크라토크윌과 러기의 방법론에 동의하고 있다(Tickner, 1992). 계보학적 접근법은 레짐의 간주간적 본질을 포착하는 해석적 방법론이 필요하다는 요청에 부응하는 하나의 방법론이다.

1) 경합하는 의미들Contested Meanings

레짐에 대한 다수의 구성주의 연구물들은 자유주의 세계 경제의 특징과 동학을 집중 조명하며, 폴라니Polanyi(1944)가 연구한 영국 자본주의로의 전환에 있어서 소유권, 금융 기관, 그리고 사회 목표 간의 관계 분석을 종종 토대로 하고 있다. 경험적 연구 범위는 광대하여 서로 다른 나라들에서 자본주의로의 경제적 전환에 관한 비교 연구들, 금본위 체제의 성장과 쇠퇴, 19세기 영국 지배와 21세기 미국 지배의 유사점과 차이점, 식민지화와 탈식민지화, 국제통화기금IMF과 세계은행World Bank 같은 국제 금융 기관의 설립과 운영, 그리고 현재 진행되고 있는 세계화의 본질을 다루고 있다. 전반적으로 볼 때 이 다양한 연구들은 암시적이든 명시적이든, 물질적 권력과 사회적 권력 간의 관계에 대해 논쟁하는 것이다.

구성주의자들은 권력이 고르게 분배되어 있지 않다는 "사실"을 넘어 내부에 존재하는 긴장들과 앞으로 일어날지 모르는 도전들에 직면하여 어떻게 지배가 구성되고 지속되는지 고민한다. 예를 들면 미국의 패권과 미국의 패권을 구분함으로써 러기Ruggie(1993)는 특정 패권국의 본질 그리고 이 패권국과 다른 국가들 간의 관계는 단순히 패권국이 엄청난 자원을 가지고 있다는 것을 의미하는 것이 아니라, 세계 질서에 대한 그리고 정책 제안에 대한 중대한 함의를 가진다는 것을 강조한다. 각국 정부는 제2차 세계대전 이후 IMF, 세계은행, 그리고 GATT(현재의 세계무역기구)와 같은 일련의 공적 조직을 통해 화폐, 무역, 그리고 금융과 같은 특정 이슈별 레짐을 만들어낼 수 있었다. 대공황 그리고 제1차 세계대전과 제2차 세계대전 사이에 일어났던 경제적 양자주의의 실패를 염두에 두면서 새로운 규칙과 규범이 시장 체제를 수정했다. 근본적 구성 원칙organizing principle으로서 "내재된 자유주의embedded liberalism"(Ruggie, 1982)에 동의하는 것은 서양 국가들의 목적을 반영했고, 그 목적이란 세계 시장 체제를 증진하면서 고용을 보호하기 위해 국내 개입을 허용하는 것이었다.

미국이 그러한 합의를 이끌어냄으로써 다자간 구조 내에서의 미국의 지배를 제도화했다.

냉전의 종식으로 시장화, 문화적 동질화, 그리고 기술의 세계화 과정이 고조되었고, 이와 함께 그러한 패권에 대한 저항도 증가되었다. 많은 연구자들은 자유주의적 관행들을 가치중립적으로 평범하게 다루는 것을 비판한다. 자유주의는 개인의 권리와 일직선상의 "진보"의 개념을 강조하는 판에 박은 계몽주의적 사고를 표현하는 일반적 용어로 너무도 자주 사용되어 왔다(Berman, 2000). 어떤 학자들은 자유주의적 관행과 가치가 군사화되었던 냉전 체제와 탈냉전 체제의 일부였다고 주장하며, 그러한 체제 하에서 유럽 연합의 강화와 NATO의 확장이 서구의 영향력을 여러 차원에서 강화했다고 보고 있다. 그 중에서도 특히 라덤Latham(1997)은 자유주의 경제학, 자본주의 사상, 그리고 군사주의를 밀접하게 연관시킨다. 페미니즘 이론가들은 세계 질서에 대한 성별화된 관점들이 전략적 관행들을 구성해 왔다고 오랫동안 주장해 온 반면(예를 들면 Enloe, 1990, 1993), 지금은 세계화의 성별화된 모습으로부터 비롯되는 애매함과 모순들을 지적하고 있다(예를 들면 Hooper, 2001). 한 예로 트루True(2001)는 체코 공화국의 새로운 자본주의 경영 기술은 여성들을 객체화하지만, 분권화는 여성의 권리 신장을 위한 조직화의 허용 범위를 넓혀주기도 했다는 것을 보여주고 있다. 보다 자유로워진 무역은 어떤 경제 체제나 사회(또는 그 내부에 존재하는 일부분의 행위자들)에 혜택을 주지만, 다른 경제 체제나 사회에서는 사회적 혼란과 정치적 반발을 불러오기도 한다.

논쟁의 한 갈래는 자유주의와 같은 이데올로기가 그 밑에 깔려 있는 물질적 기반의 산물인지, 아니면 그러한 이데올로기 가치들이 권력을 구성하는 차원으로 작용하는 것인지에 관한 것이다. 예를 들어 루퍼트Rupert(1995, 2000)는 그람시의 이론 틀을 이용하여(콕스의 1986, 1989, 1996 연구에 근거) 미국의 패권을 이데올로기적으로 표현하는 것을 비판하고 미국의 패권에 대한 저항 지대를 분석한다. 권력의 문화적 측면을 끌어들임에도 불구하고, 그러한 그람시적 관점은 이데올로기를 거대 구조의 부대 현상(고전 마르크시즘 용어)으로 축소시키는 유물론적 마르크시즘의 존재론에 궁극적으로 의존한다. 따라서 인종과 성을 보다 근본적인 계급 분석으로 편입시키려는 루퍼트(2005)의 노력은 권력을 모든 정체성 담론들로 귀속시키는 후기구조주의에 보다 많은 영향을 받은 학자들과 대비된다. 예를 들면 도티Doty(1996)와 무피디Muppidi(2005)는 미국, 서구, 남성성, 백인의 제도화된 특권은 질서/무질서, 문명적/야만적이라는 이분법과 같은 언어를 통한 위계적 분별을 전제로 하고 있다고 주장한다. 질서 정연하고, 문명화되고, 권력을 가지고 있는 사람들은 글로벌 거버넌스를 시행하는 주체가 되는 반면, 무질서하고, 문명화되지 못하고, 무력한 사람들은 글로벌 거버넌스를 받아들이는 객체가 된다.

이러한 존재론적 차이에 대한 분석적 차이점을 찾아내기 위한 하나의 방법은 세계화의 영향을 뚜렷하게 비교하는 것이다. 그러나 이런 종류의 대비는 구성적 역동성을 간과할 위험이 있다. 만약 물질적 요인들이 사회적으로 중재된다면 물질적 요인들은 종속 변수가 된다. 그렇다면 우리는 물질적 요인들을 대안적 독립 변수라고 볼 수 없다. 말하자면, 이해관계가 어떻게 형성되는지에 대한 구성적 분석이 이해관계에 기초한 행동에 대한 유물론적 또는 합리주의적 설명들보다 우선할 것이다. 구성적 과정들을 파악하기 위해 물론 비교법이 사용될 수 있다. 그러나 우리는 비교할 것들을 어떻게 선택할 것인지에 대해(이 점에 대해서는 V장에서 다룰 것이다) 조심스럽게 주의를 기울여야 할 것이다. 이와는 반대로 방법론으로서 계보학적 접근은 자유주의와 미국의 패권에 대한 분석과 같이, 의미에 대한 경합이 어떻게 진화되었는지를 집중 분석한다. 이 방법론은 단일적, 전반적, 인과적 설명을 구하려고 하지 않고 다수의 상황들이 어떻게 결합되었는지multiple conjunctures를 자세히 분석하는 것이다.

2) 상황들의 결합Conjunctures

계보학적 접근은 물질성의 의미에 근거한 구조적 불평등에 대한 인식에서부터 출발한다. 결정론적 또는 목적론적 분석과는 달리, 이 접근법은 지배 담론의 변화를 만들어내는 메커니즘을 찾아냄으로써, 과거를 매끄럽고 선형적으로 이해하려고 하지 않는다. 과정을 추적하는 형식으로서 계보학적 접근은 담론 내부에서 작용하는 권력의 기법을 강조할 뿐만 아니라 역사적 시대별로 제도화된 관행 속에서 나타나는 "파열ruptures"과 "어긋남disjunctures" 또한 강조한다. 예를 들어 데르 데리안Der Derian은 고대, 중세, 그리고 근대 국제 체제 간의 변화를 가능하게 했던 사회적, 경제적, 그리고 정치적 요인들을 고립시키지 않고, 지배적 외교 정책 담론들의 연속성과 불연속성을 분석한다. 마찬가지로 프라이스Price(1995: 86)는 "화학 무기 규범의 위반과 부활이 혼재했던 역사"에도 불구하고, 인도주의에 대한 특정 해석에 호소함으로써 화학 무기에 대한 "금기"가 20세기를 거쳐 강화되었다고 주장한다.

계보학적 접근은 담론에 관한 푸코의 개념을 이어 받아, 담론을 언어 이상의 포괄적 의미로 보고 있다. 옷차림은 어떤 사람의 계급, 종교, 또는 성별을 쉽게 나타낸다. 제스처, 건축물, 그리고 음악을 포함한 다른 "텍스트"들도 의미들을 "구현"한다. 예를 들어 처벌에 대한 담론은 범죄 행위를 나타내기 위해 사용되는 언어뿐만 아니라 감옥이라는 건축물과 옷차림, 시간과 공간의 제한, 음식, 운동, 게임의 금지를 통해 익명성과 지위의 하락을 제도화한다. 마찬가지로 고문이 여전히 전쟁 죄수들에게 흔히 사용되고 있다는 증거는 치안 유지의 민영화에 관한 세계적 및 초국적 측면들에 대한 라페이와 웰즈Laffey and Weldes(2005)의 분석에서 보이듯이, 다방면에 걸친 언어, 이미지, 행동을 포함하여 처벌에 대한 세계적 담론에 관한 의문들을 제기한다.

담론의 다양한 표현들을 분석함에 있어, 계보학적 접근은 일반적으로 연구자들이 일차 자료와 이차 자료를 폭넓게 들여다볼 것을 요구한다. 예를 들어 처벌에 관한 푸코의 계보학적 접근은 중세 시대 고문 관행에 사용되었던 물질적 도구들의 디자인과 19세기 감옥의 건축 구조뿐만 아니라 이 두 시대에 있어서 탈선적 행동에 대한 법적, 대중적 인식도 분석하고 있다. 그 결과, 그는 재판 기록, 정치적 논쟁들에 관한 문헌, 그리고 감금 또는 처벌을 위한 공간 설계도를 필요로 했다. 따라서 중요하게 보이는 모든 자료들로부터 일부를 선택하는 것은 이 방법론을 적용하는 데 가장 기본적인 도전이다. 인식론적 근거 하에 선택할 수도 있고, 자료 확보 가능성과 접근성이라는 실제적 고려 사항을 근거로 선택할 수도 있다. 다른 방법론과 마찬가지로, 이러한 선택들은 자료 확보 가능성 및 지배적 사회 역사적 맥락 속에 존재하는 연구자의 세계관에 의해 암시적으로건 명시적으로건 영향을 받게 될 것이다.

다른 종류의 역사에 기반한 분석과 마찬가지로, 계보학적 접근은 하나의 정확하고 객관적인 역사를 생산해 내기보다 이전 해석들을 풍성하게 하거나, 이전 해석에 도전한다. 분석가들은 자료의 논리성, 일관성, 치밀함에 근거하여 역사를 평가할 수 있지만, 계보학적 접근은 학문적 해석과 같은 지배적 담론이 그 담론과 일치하는 과거의 특정 요소들만 받아들임으로써 인위적 통일성을 어떻게 창출해 내는지 학자들로 하여금 주의 깊게 관찰하게 한다(Milliken, 1999: 243). 또한 이 방법론은 전통적으로 사용되어 온 역사적 방법론이 권력자들의 경험들을 기술해 온 경향이 있다는 점에서 전통적 방법들에 의해 무시당해 온 대안적 목소리들에 관심을 기울인다. 예를 들면 킨셀라Kinsella(2005)는 생물학적 성차가 아닌 사회적 성별이 어떻게 전사와 민간인을 구분하는지를 보여준다. 행위에 의한 결과 또는 과정들을 설명하고자 하는 전통적 거시 역사적 비교법과 달리, 그녀의 연구 목적은 성별화된 관행들이 어떻게 여성들로 하여금 전쟁의 무고한 방관자가 되게 하는지를 이해하는 것이다. 그녀는 국제법에 있어 민간인에 대한 정의가 어떻게 진화되어 왔는지를 추적함으로써 특히 그로티우스의 초기 정의와 이후 1949년 제네바 협정에서 정의를 대비시킴으로써 의미의 구성적 역할을 분석한다.

킨셀라의 계보학적 접근은 이러한 의미의 구성적 역할과 담론의 잠재적 기능을 분별해 내는 것이 가능한가(그렇다면 어떻게 가능한가)에 관한 방법론적 문제를 제기한다(우리는 "기능function"이라는 용어를 "목적purpose"이라는 의미로 사용하지만, 담론과 제도가 의도하지 않은 결과들을 가져올 수도 있다는 경고에 주의하고 있다). 도티Doty와 무피디Muppidi처럼 킨셀라에게 있어 담론은 남성/여성, 전사/민간인과 같은(종종 이분법적인) 범주를 만들어 낸다. 정체성이 기반하고 있는 문명과 비문명 간의 구별은 행동에 대한 판단에 궁극적으로 영향을 주며, 행동에 대한 판단의 예로 전쟁에서 군사 작전 행위로 강간을 사용하는 것에 대한 비난이나, 여군에게 남성과 동등한 혜택을 주지 않는 것을 들 수 있다. 그러한 행동은 이 행동에 기초하는 의미들을 똑같이 복제하는 의미와 행동의 반복적 관계를 만들어 낸다. 따라서 이러한 분석 방법은 독립 변수와 종속 변수 간에 전통적으로 수행되어 온 선형적, 인과적 분석을 배제한다.

패권hegemony의 사상적 기반과 담론적 표현들을 조명하는 것은, 연구자들이 이러한 규범 환경 내에서 연구하고 있음을 상기시켜 준다. 사회화를 통해 우리는 기존에 지배적인 구조에 의해 정당화된 관행들을 복제해 내기 때문에, 생물학적 성차sex와 사회학적 성별gender과 같은 단어를 우리가 사용하는 것처럼, 계보학적 접근은 우리가 어떻게 담론을 고정화시키고 재생산해 내는지에 보다 주의를 기울일 수 있게 해준다. 연구자로서 우리는 우리의 사회적 환경에 반드시 참여할 수밖에 없다. 예를 들어 종교적 관점들은 우리가 도덕적 권위를 어떻게 연구할 것인가에 영향을 줄 것이고, 사회적 성별화는 우리가 불확실성을 어떻게 정의할 것인가에 영향을 줄 것이다. 우리 자신의 이론적 성향과 그 기저에 존재하는 개념적 가정들은 우리로 하여금 역사를 선택적으로 탐구하도록 하게 한다.

따라서 학자와 교사들과 같이 학계에 몸을 둔 사람들은 "인식적epistemic" 권력을 유지하는 데 중요한 역할을 수행한다. 왜냐하면 우리는 지식 주장 knowledge claims을 생산해 내고 저술과 강의를 통해 이 지식 주장들을 전파하기 때문이다. 우리의 담론은 권력 관계들을 구현하는 의미 체계들을 창출해 낸다(Dreyfus and Rabinow, 1982; Adler and Bernstein, 2005). 우리는 학문을 통해 학문에 착근된 가정들을 받아들이거나, 아니면 그러한 가정에 도전을 제기하기 때문에 가치중립적일 수 없다. 따라서 우리는 우리의 선택이 가져온 도덕적, 그리고 방법론적 함의들을 이해하기 위해 노력하지만, 편견bias은 결코 근절될 수 없다. 연구자들이 편견을 보완할 수 있는지 여부는 논쟁 대상이다. 우리가 가지고 있는 모든 암시적 가정들을 결코 인식할 수 없다고 주장하는 학자들이 있는가 하면, 연구자들이 예를 들면 성별화와 관련된 가정들을 인식할 수 있도록 이들을 재교육할 수 있다고 지적하는 학자들도 있다.

3. 참여 관찰Participant-Observation

계보학적 접근은 학자들이 권력과 도덕성을 연계시키는 역할을 피할 수 없다고 우리에게 말해주고 있지만, 국제 체제 수준에서 제도화된 관행들, 전통적 사고방식, 그리고 지식을 체계화하는 표준 절차들을 강화하는 미시적인 사회화 과정들에 관해서는 거의 언급이 없다. 구성주의자들은 이러한 관행이 변할 수 있다고 주장하지만, 대개 제도들은 기대 수준과 행동의 지침이 되는 규범을 마련함으로써 의미를 안정화시킨다. 따라서 대부분의 분석들은 제도 내에서 살고 있는 사람들에 초점을 두기보다는 제도 그 자체에 초점을 두고 있다. 그런 규칙들을 문제 삼기 전에 우리는 제도가 어떻게 재생산되는지, 특정한 규범들이 어떻게 제도적 환경에 스며드는지를 보여주어야 한다. 참여 관찰은 연구자들이 그들 자신의 삶과 국제 체제 양측에서 이러한 과정들을 보다 분명하게 볼 수 있게 해준다.

얼핏 보기에 참여 관찰은 행위자 연구에 가장 적합할 것처럼 보이지만, 이 방법론은 사회적 혹은 문화적 맥락에서 사람들을 이해하는 데도 유용할 수 있다(Lichterman, 2002). 제도는 개별 참여자들을 사회화시키고, 관료들은 규범을 복제해 내며, 담론은 언어의 적극적인 사용을 통해 권력의 불균형을 재생산하기 때문에, 참여 관찰은 어떻게 관행들이 "구체적 사례로 표현되는지" 또는 구체화되는지를 알게 해준다. 그러나 정부 기관에서 일한 경험이 국제 정치에서 무엇이 가능한지에 관해 학자들의 생각에 영향을 미치지만, 불행히도 국제관계 전문가들은 참여 관찰 연구방법을 의식적으로 거의 사용하지 않는다.

콘Cohn(1987)과 바네트Barnett(1993, 2002)의 연구는 본인들이 제도적 관행들을 재생산하게 하는 톱니바퀴의 이가 되어 버린 경험에 대해 자세히 기술하고 있다. 핵무기 과학자들과 함께 한 콘의 연구와 바네트가 미국의 행정관으로서 유엔에서 근무했던 시간은 전문 언어가 어떻게 개인을 관료로 사회화시키는지를 보여준다. 콘은 참여 관찰 과정에서의 네 단계를 제시하는데, 이는 바네트의 분석에도 적용할 수 있다. 듣기, 말하기, 대화, 그리고 "공포terror"가 그것이다. 콘이 공포라는 단어를 사용하는 것은 참여자가 조직의 대안적 가정들을 자신의 내면에 흡수한다는 것을 인식하면서 이전에 가지고 있던 소신으로부터 자신이 무기력하게 소외된다는 것을 나타내기 위해서다. 구조의 이러한 영향력은 두 가지 종류로 분류될 수 있다. 즉, 행동에 영향을 주는 규제적 영향과 정체성에 영향을 주는 구성적 영향이 그것이다.

1) 규제적 영향Regulative Effects

새로운 언어를 듣고 그 규칙을 흡수하는 초기 기간은 각기 새로운 참여자에게는 어려운 기간이다. 콘과 바네트가 각자 자신의 직장에 도착했을 때, 그들이 깨달은 것은 그들의 학문적 훈련과 연구 경험이 그들 주위에서 쓰이는 새로운 언어나 그 언어를 실행하는 기술들을 이해하도록 준비시키지 않았다는 것이다. 바네트는 해외로 전보를 보내는 요령이 없었다. 그는 회의에 대해 정치적으로 유용한 평가를 하기보다, 복잡한 정치학적 분석들을 먼저 내 놓았다. 군사 무기 과학자들이 사용하는 "기술 전략적technostrategic" 언어에 본질적으로 자리잡고 있는 성적 이미지sexual imagery때문에 콘은 자신이 이방인인 것처럼 느껴졌다. 여성으로서 그렇게 성적 의미를 띤 언어를 사용하는 것은 그것이 그녀의 남성 동료들에게 주는 함의와는 다른 함의들을 그녀에게 주었다.

이러한 상황에서도 바네트와 콘은 새로운 언어를 말하게 되었고 새로운 규칙을 준수하게 되었다. 그런 과정에서 그들은 전문적 그리고 심리적 동기를 보여주었다. 예를 들어 콘은 그녀 주위에 있었던 과학자들이 그녀가 이해할 수 없는 전문적 약어들을 끊임없이 사용했다고 지적한다. 그러한 언어를 이해하고 싶다면 그녀는 그 의미를 배워야 했다. 더욱이 그녀는 기술자들이 말하는 언어에 능숙하게 된 후 의도적으로 "일반 용어로" 말했을 때, 기술적 언어의 규칙들을 준수했을 때와는 달리 심지어 그녀의 가장 정교한 질문들조차도 기각 당한다는 것을 알았다. 따라서 전문 능력을 가지려면 제도적으로 통용되는 언어를 배워야 한다. 게다가 군사 무기 실험실과 유엔에 있었던 동료들은 콘과 바네트가 외부인이라는 것에 대해 농담을 하기도 했다. 개인이 인정받기 위해서는 그가 속해 있는 지역 문화와 잘 어울린다는 것을 보여주는 것이 필요하다.

참여 관찰자였던 콘과 바네트는 어떤 특정 담론을 사용하는 것에 대한 도덕적 함의를 도출해낸다. 이들은 자신들의 해석에 대한 타당성에 의문을 갖기보다는, 인간은 인간의 생명을 구해야 한다는 윤리적 입장에서 출발했다. 그러나 콘과 바네트는 일반적이고 전문화된 담론을 사용하는 것이, 문제가 되고 있는 현실 생명으로부터 자신들을 멀리 떼어 놓기 위한 온갖 정당화를 제공한다는 것을 발견했다. 유엔의 담론(미국 유엔 대표의 담론은 물론)은 르완다 사람들의 생명을 구하는 것보다 국제기구의 평판을 살리는 것을 더 우선시했다. 공격에 맞설 수 있는 "이차 공격 능력second-strike capability"에 대한 무기 과학자들의 기술적 언어 담론은 공격 받은 국가의 사람들이 피폐된 이후에도, 보복에 대응하기 위한 충분한 무기를 안전하게 보유하는 군사 전략들을 정당화했다. 이러한 상황에서 도덕성에 대한 콘과 바네트의 관점을 모두가 공유한 것은 아니다.

콘은 기술자들이 말하는 언어에 의해 구성되는 "비현실성unreality" 세계에 관심을 두고 있다. 지배 이미지와 지배 어법, 가부장주의, 그리고 성의 구별에 의해 존재하는 이러한 언어는 아이러니컬하게도 그 사용자를 합리화시키고 이러한 무기들이 인간 생명에 영향을 주는 것으로부터 멀리 떼어 놓는다. 따라서 핵전략가들은 그들의 전쟁 게임이 실제로 실행된다면 사람들이 살고 있는 세상이 어떤 모습을 띨까에 대해서는 아무런 주의도 기울이지 않은 채, 전쟁 전략과 무기의 존속 가능성을 즐겁게 논의한다. 기술적 언어 사용자들에 의해 구성되는 세계는 "실재real"이지만, 이것은 핵에 의한 대학살이 일어나는 세계와는 거의 관련이 없다. 과학자들과 전략가들은 특정한 담론을 구성하고 사용함으로써 후자에 관한 세계로부터 자신들을 성공적으로 격리시킨다. 그러나 우리는 이 담론이 비현실적이라고 무시할 수 없다. 왜냐하면 이것은 실제적인 힘을 발휘하기 때문이다. 즉 이 담론은 자원 배분과 실제 폭탄 제조에 관한 정책 결정에 영향을 준다. 콘의 연구는 담론들이 어떻게 새로운 실재들을 만들어 내는지를 보여주며, 규제적 영향을 넘어 구성적 영향으로 분석가들의 관심을 돌린다.

2) 구성적 영향Constitutive Effects

참여 관찰을 통한 위의 설명에서 가장 두드러지는 것은 전문 용어를 사용한 결과 분석가 자신의 사고가 어떻게 변화했는지에 대한 서술이다. 콘과 바네트는 제도적 담론의 코드를 배우는 것이 사회 심리학적 수준에서 변화를 가져오는 효과가 있다는 것을 중요하게 받아들인다. 그들은 전문 언어를 사용하는 것-대화에 참여하는 것-이 단순히 학습 경험이 아니라, 변환 과정이라는 것을 발견한다. 이전에는 군비 감축 활동가들에 동조적이었지만, 콘은 새로운 무기 체제를 위한 정당화에 너무도 사로잡혀서, 전략적 사고에 대해 그녀가 오랫동안 견지해 오던 비판적 입장을 어떻게 표현해야 할지를 거의 잊고 말았다(Gusterson[1996]은 오랜 기간 동안 핵무기 과학자들을 면담한 후 유사한 변화를 기술하고 있다). 한편 바네트는 유엔에 의해 대표되는 "국제 공동체"의 가치들과 가장 잘 들어맞는 미국의 국익을 자신이 주창하고 있음을 발견했다. 시간이 흐름에 따라 이들 참여 관찰자들은 자신들이 익숙하지 않은 주장들을 펼치고 있으며 그들이 관료 세계에서 통용되는 어법을 배우기 이전에 가지고 있었던 질문들과는 매우 다른 질문들을 제기하고 있음을 발견했다. 일 년이 채 지나기 전에, 콘과 바네트는 둘 다 핵무기 과학자와 유엔이 사용하는 전문 언어와 주장 전개 과정argumentation process에 사회화되어 있었다.

그러나 이러한 기관에서 근무하는 기간이 짧았기 때문인지 모르지만 결과적으로 콘과 바네트는 관료들이 주장하는 입장에 대해 여전히 비판적이었다. 이 둘은 또한 한 발 물러서 있는 바로 그 과정-1년 동안의 주어진 업무가 끝날 무렵 사회화의 힘에 저항하려고 하는 과정-이 꽤나 힘들었으며 단지 부분적으로만 이러한 비판적 입장을 유지하고 사회화의 힘에 저항하는 것이 가능했다고 말한다. 콘은 자신이 겪었던 참여 관찰의 경험을 돌이켜 보았을 때, "공포"를 경험했다고 기술한다. 마찬가지로, 바네트는 1994년 르완다에서 대량 학살이 최고조에 달했을 때 이곳에 평화 유지군을 보내지 않기로 한 유엔의 결정에 참여했지만, 지금은 당시 그가 일했던 제도가 그에게 가르쳤던 일종의 무관심을 비난한다. 그는 국제기구들의 "병리 상태"를 연구하기에 이르렀다(Barnett and Finnemore, 1999, 2004). 콘은 평화 활동가들이 과학자와 정책 결정가들에 의해 보다 무게 있게 인정되기 위해 기술적 언어를 배워야 할지,

아니면 그와는 반대로, 이러한 기술적 언어와 이를 사용하는 전략적 분석가들의 정당성을 깎아 내리기 위해 그녀가 발견했던 성적 이미지와 같은 비합리성들을 강조해야 할지를 고심했다.

바네트는 언어를 통한 새로운 기술 전략적 세계를 만드는 데 덜 집중하고, 제도적 정책 결정에서 일관되게 재생산되는 "이해관계interests"에 대한 개념을 제도적 담론이 어떻게 만들어 내는지에 더 많은 관심을 둔다. 유엔의 경우, 유엔의 평판(그리고 또 다른 평화 유지군의 "손실"을 초래하지 않는 것)에 대한 이해관계를 인식하는 것이 르완다에서의 대량 학살에 대한 우려보다 우선하였다. 언어가 새로운 세계를 만들어내는 일환으로 사용되기보다, 여기에서 언어는 이미 존재하고 있는 세계의 혼란으로부터 조직을 격리시키는 이해관계를 구성한다. 대량 학살과 같은 몇몇 특정 용어들은 관료들의 담론에 의해 구성된 고립을 파괴시키는 힘을 가지고 있기 때문에, 이 용어들은 매우 중요하지만 관료들이 사용을 금하고 있다.

따라서 언어는 윤리와 밀접한 관계가 있다. 국제 사회에서 통용되는 가치에 근거한 오직 "보다 높은 위치에 있는" 도덕적 권위에 호소하면서 유엔의 정책 결정가들은 르완다에 개입하지 않은 것을 정당화한다. 핵무기 전략가들은 무기를 관리하고domesticating weapons 전쟁결과가 인간에게 미치는 파괴적 영향을 고려하지 않고 무기 안보weapon security를 가장 정당한 목표로 삼음으로써 핵전쟁 시나리오가 가져올 공포와 참상을 극복한다. 언어가 관료 조직 내부의 질서를 부여하는 힘을 가지고 있다는 것을 보여주는 이러한 연구들은 인터뷰와 문헌 조사에 전통적으로 의존하는 것을 보완해 준다. 계보학적 접근과 거시적 역사 비교에 의해 제공되는 장기간에 걸친 역사적 관점들과 더불어, 참여 관찰은 제도화된 이론적 가정들을 비판함으로써 도출되는 문제 해결 측면에서의 함의는 물론 사회와 물질 구조 간 관계의 일부 단면을 보여준다(Cox, 1986).

4. 함의Implications

상호 구성이라는 구성주의의 존재론은 사회 질서를 재생산함에 있어 주체의 역할을 재조명함으로써 다양한 종류의 구조주의에 도전장을 내민다. 행위자가 세상을 이해하는 데 있어 어떤 이데올로기도 자동적으로 필수 불가결한 근거가 되지는 않는다. 사람들의 언어와 행위가 특정한 의미들을 강화하고 이것은 종종 당연하게 받아들여지는 가정들이 된다. 과정을 중시하는 방법론으로서, 거시적 역사 비교, 계보학적 접근, 그리고 참여 관찰은 구조를 구성하고 있는 제도화된 의미와 관행들을 행위자들이 어떻게 종종 강화하는지를 보여준다. 물론 이러한 방법론들이 체제, 레짐, 그리고 관료 제도를 연구하는 데 사용할 수 있는 유일한 방법들은 아니며, 이 방법들이 이러한 제도들의 형태나 영향에 대한 분석에만 국한되어 사용되는 것은 아니다. 우리가 이 세 가지 접근법을 선택한 것은 이들이 구조의 고정성보다는 유연성을 강조하고, 따라서 행위자-구조 논의의 핵심에 있는 구성적 과정들을 분석하는 방법을 제공해 주기 때문이다.

우리가 여기에서 거론한 대부분의 연구들은 현대 국제 체제가 유럽에 뿌리를 두고 있음을 당연하게 받아들이고 있다. 이러한 다수의 학자들은 "영국 학파English School"에 기초하여 연구도 하고 이 학파를 비판하고 있는데, 영국 학파는 국제 사회라는 개념화를 오직 유럽 역사만을 가지고 시도해 왔다고 해서 비판 받아 왔다. 구조에 관한 앞으로의 연구가 지금까지의 영역을 확장하여 각기 나름대로 정의된 서로 다른 종류의 사회 질서들을 보다 철저하게 다룬다면 더욱 발전할 것이다(Ling, 2002). 이것은 구성주의자들이 유럽과 미국에 대한 연구를 그만 두어야 한다는 것을 의미하는 것이 아니라, 단순하게 말하자면 우리는 구성주의가 유럽의 질서를 규범으로 정의하는 경향에 지속적으로 문제 제기를 해야 한다는 것이다. 우리는 문명의 물화reification를 경계하면서,

십자군 전쟁의 핵심이었던 종교 갈등이나 식민지 탐험의 범위를 넘어, 아시아, 아프리카, 또는 남, 북, 중앙아메리카에 대한 보다 깊이 있는 연구를 포함시킬 수 있을 것이다. 그러한 분석은 또한 거시적 역사 시기와 특정 조직의 내부에서 성별화된 사회 구조와 같은 대안적 "도덕 질서moral orders"에 대한 함의를 탐구할 수도 있을 것이다(Goldstein, 2001).

특히 오늘날의 세계화 시대에 있어서, 어떤 종류의 체제든지 이를 고립시킨 채로 연구하는 것은 문제가 있다. 한 예로 인류학자들은 "아직 발견되지 않은untouched" 문화를 찾는 것은 단념했다. 그 대신 이들은 특정 지역의 관행과 세계적 관행들 간의 관련성을 탐구하기 위한 민속학적 연구를 점점 더 많이 수행한다(Gupta and Ferguson, eds. 1997). 국제관계학이 글로벌 거버넌스 내의 정치적 권위에 초점을 두고, 국가를 세계와 지역의 관행을 연결하는 과정들 간의 매개로서 조명하고 있다는 점에서, 구성주의자들은 세계화 과정이 대안적 사회 질서의 가능성을 어느 정도까지 제한할지에 대한 통찰력을 제공하는 데 매우 유리한 입장에 있다. 바네트가 유엔에서 수행한 참여 관찰은 민속학적 관점이 어떻게 세계 언어와 지역 언어 간의 긴장들을 보여줄 수 있는지에 대한 하나의 사례를 제시한다. 기술적 언어라고 할지라도, 이는 영어의 한 갈래다. 사회적, 공간적, 그리고 역사적 환경을 아우르는 연구를 수행함에 있어, 구성주의자들은 어떤 종류건 담론에 관한 방법론을 사용하기 위해서는 여러 언어를 구사해야 할 것이다.

지금까지 우리는 행위자와 구조의 관계에 있어서 제도적 측면을 가능한 많이 부각시키려고 노력해 왔다. 비록 우리가 결정론적 주장을 피하고 참여 관찰을 보다 많이 사용할 것을 장려했지만, 우리는 이 장에서 불가피하게도 행위자를 소극적으로 다루었다. 그러나 언어는 제도 내에서 지속성의 원천이기도 하지만 개인을 변화시키는 메커니즘이기도 하다. 모든 행동이 기존에 지배적인 이데올로기를 강화하는 것은 아니다. 행위자는 지배적인 관행을 바꿀 수도 있다. 따라서 우리는 행위자를 포착하는 데 보다 적절한 개념과 연구 수단에 대해 논의하고자 한다.

III

행위자

Agency

III

행위자

Agency

얼핏 보기에 행위자에 대한 언급 자체는 구조에 대한 반대 의견을 내기 위한 준비 작업이라고 볼 수 있다. 행위자가 동적이라면, 구조는 아마도 정적일 것이다. 그러나 이러한 이분법은 구성주의 관점을 충분히 포착하지 못한다. 담론은 세상에서 행위자의 위치를 설정한다. II장의 참여 관찰을 사용한 연구들이 보여주는 바와 같이, 비공식적 규칙들과 공식적 관료제는 의미의 틀을 만들어 내며, 이 안에서 사람들은 생각하고 행동한다. 사람들의 행동은 이 지배적 담론들을 지지할 수도 있고 반대할 수도 있다. 아마도 어떤 이는 위기의 순간에 새로운 담론을 제공하여, 기존의 지배적인 담론보다 더 설득력 있게 만들 수도 있다. 이러한 새로운 규칙과 과정은 사람들의 세계관을 바꾸어 놓을 수 있다. 사람들이 이러한 새로운 의미를 전달하기 위해 말을 하고 글을 쓸 때, 이들이 사용하는 언어를 통해 정체성과 관행을 재생산하고, 상호 구성의 주기를 창출해 낸다. 그 결과 행위자와 제도는 서로 분리된 것이 아니다. 왜냐하면 이 둘은 서로에 의해 구성되기 때문이다.

언어, 관행, 정체성, 그리고 제도는 이렇게 본질적으로 서로 떼어 놓을 수 없기 때문에, 구조와 행위자 간의 관계를 연구할 때 어려움이 있다. 사회화와 같은 구성적 과정들은 서로 다른 시대에, 그리고 서로 다른 방식으로, 국가 지도자들, 정부, 사회 운동, 계급, 성별화된 사람들, 기업, 그리고 국가 간 조직에 영향을 미친다. 역사 비교법은 어떤 특정 순간에 나타나는 새로운 관행의 발현에 대한 학문적 관심을 기울일 수 있지만, 예외적으로 일어날 수 있는 역사적 단절을 강조하는 계보학적 접근조차도 담론의 변화를 서술하는 데 주의를 쏟는 나머지 행위자를 간과할 수 있다. 구조의 제한이라는 맥락에서 이미 결정된 개인의 효용성이 극대화되도록 하는 합리적 선택 모델에 대한 대안을 제공하기 위해 연구자들은 사람들의 결정과 동기를 보다 잘 포착하는 방법론을 필요로 한다. 구성주의자들이 행위자와 관련해 하나의 압도적인 이론을 필요로 하는 것은 아니다. 그러나 우리는 행위자에 관한 다양한 개념화에 도달하게 하는 근원적 가정들을 보다 더 잘 이해할 필요가 있다. 왜냐하면 행위자에 대한 다양한 개념화가 대안적 방법론들 간의 선택을 필요로 하기 때문이다.

구성주의자들은 연구자들을 포함한 인간이 목적과 목표, 또는 "의도intentions"를 가지고 있다는 가정에서 출발한다. 이들은 개인으로서, 그리고 (공식적, 비공식적) 집단의 구성원들로서 자기 자신을 대표해 행동한다. 주장하고 요구함으로써, 이들은 세상에 대한 자신들의 관점을 밀고 나간다. 이러한 의도와 해석은 사람들이 구조를 자극하는지, 고무시키는지, 촉진시키는지, 방해하는지, 혁명적 변화를 가져오는지, 생산하는지, 재생산시키는지, 정당화하는지, 부정하는지, 파괴시키는지, 혹은 재건하는지 (그리고 언제 이렇게 하는지에) 영향을 미친다. 추론과 소통에 주안점을 두는 방법론은 이러한 구성, 해체, 그리고 재구성의 과정을 가장 잘 포착한다. 우리는 서사를 가장 먼저 다룰 것이며, 이 방법론은 학자들이 특정 행위자들을 특별히 선택해서 이 행위자들의 이야기들을 이해하기 위해 이들을 맥락화시키는 방식에 주의를 기울인다. 이러한 행위자들의 선택과 전략을 보다 잘 포착하기 위해, 그 다음으로 우리는 사회학에서 흔히 쓰이는 프레이밍 접근법을 다룰 것이며, 이 접근법은 정당한 정치적 주장과 그렇지 못한 주장 간의 차이를 구분해 줄 것이다. 마지막으로 개인과 공동체 간의 관계에 집중하기 위해 우리는 인류학의 전통적 방법인 민속학으로부터 교훈을 도출해 낼 것이다. 지배적 담론을 초월하거나 전복시키기 위해 세계무대에서 활동하는 행위자들과 이들을 분석하는 행위자들 모두의 능력을 인식하는 것은 책임감과 윤리의 문제를 제기하기도 한다.

1. 서사Narrative

서사는 플롯과 주요 인물을 가진 이야기를 전개함으로써 특정 개인 또는 집단의 주도적 측면agency을 조명한다(White, 1987; Patterson and Monroe, 1998). 국제관계학에서 서사를 전형적으로 사용한 것은 외교사外交史이고, 학자들은 외교사에서 알렉산더 대왕, 나폴레옹, 비스마르크, 윌슨, 히틀러, 처칠, 나세르, 간디, 케네디, 그리고 만델라와 같은 국가 지도자들에 대한 이야기들을 구성한다. 그러나 서사는 "위대한 인물"에 관한 역사 이상의 것이다. 환경, 평화, 안보, 그리고 인권과 관련된 국제 레짐들을 형성하는 사회 운동의 노력을 조명하기 위해 서사를 사용하는 학자들도 있다. (경쟁적) 이야기들을 전개함에 있어, 영웅주의나 비극을 전달하기 위한 은유들을 사용하기도 하고, 의제설정에 있어 비정부기구들의 역할을 높이 평가하는 동사들, 또는 정책 효과를 반영하기 위해 수동태를 사용하기도 한다.

특정 플롯을 사용함으로써 분석가들은 영향과 결과에 대한 주장을 만들어 낸다. 시대적 간극을 강조하는 계보학적 접근과는 달리, 플롯은 시작과 결말을 가지고 있는 이야기 구조를 전개시킨다(Halttunen, 1999). 학자들은 이러한 플롯이 인과적 주장을 만들어 내는지에 대해 의견을 달리하며(Barnett, 1998; Lynch, 1999a; Suganami, 1999), 이것은 우리가 I장에서 논의한 실증주의와 후기실증주의적 입장들을 반영한다. 맥락에 근거한 복잡하고 다층적 인과 분석multi-causal analysis을 주장하는 사례를 제시하는 학자들이 있는가 하면, 구성적 과정들의 반복적 본질 때문에 서로 다른 변수 간의 분별이 가능하지 않다고 주장하는 학자들도 있다(우리는 이러한 사안들을 Ⅳ장에서 "피드백 고리feedback loops"로 다루기로 제안한다). 따라서 역사를 극적으로 다시 이야기해 주는 서사도 있고, 분명하게 인과적 분석을 제시하는 서사도 있다. 어느 쪽이든 간에 분석가는 각본을 전개함에 있어 주요 행위자들을 강조한다.

1) 등장인물의 배역The Cast of Characters

국가, 계급, 젠더gender, 또는 지도자와 같은 분석 범주는 행위자들과 그들 간의 관계를 만들어 낸다. 예를 들어 비정부 행위자들을 비정부기구, 네트워크, 사회 운동, 인식 공동체, 도덕적 선도자moral entrepreneurs 또는 "시민사회civil society"라고도 부를 수 있다. 이러한 각각의 명칭은 집단의 서로 다른 측면들을 강조한다. 애드보커시 네트워크advocacy networks는 원칙 있는 이념이나 가치principled ideas or values에 기반하여 만들어지고, 이러한 이념과 가치는 이들의 행동과 조직에 영향을 주는데(Keck and Sikkink, 1998), 이는 도구적 목적을 기반으로 단합하는 이익 집단과는 대조를 이룰 것이다(실제로는 이러한 구분을 하는 것이 쉽지 않다). 한편 이익 집단과 사회 운동은 애드보커시 네트워크에 있어 매듭으로 작용한다. 네트워크보다 사회 운동에 초점을 둠으로써 국가 관료제에 대응하며 활동하는 사람들과 공식 정치 제도 외부에서부터 변화를 추구하고자 하는 사람들 간의 차이를 밝힌다. 도덕적 선도자moral entrepreneurs는 카리스마를 가진 개인에서부터 조직 개혁을 위한 사회 운동까지를 망라한다.

이들 집단과 조직 간에 경계가 분명치 않다는 것은 이들이 서사(이들이 채택하는 서사와 논평자들에 의해 이들에게 적용되는 서사 모두)에 의해 사회적으로 구성되는 것이라고 보아야 할 필요성을 강하게 부각시켜 준다. 논쟁이 되고 있는 용어인 "시민사회"는 이러한 점을 말해준다. 어떤 활동가들과 학자들은 주체를 "세계시민사회global civil society"로 귀속시키며, 세계시민사회의 능력이 중요한 영향을 미친다고 언급한다. 이와 같은 사용법에 있어 세계시민사회는 비정부기구NGOs, 사회 운동, 그리고 일반 대중들로 구성되며, 이들은 평화, 환경, 그리고 인권과 같은 주제들에 대한 논쟁과 정책 결정을 집단적으로 진척시키며 지도자들과 상호 작용한다(Kaldor, 2003; Wapner, 1996; Schmitz, 2006). 이 관점은 집단 간의 시너지(또는 경쟁)를 강조하고 이들 집단이 의도성intentionality을 가진다고 본다(어떤 학자들은 시민사회를 특징짓기 위해 형용사인 "세계의global"를 사용하는 것에 대해 논쟁한다(하인즈Haynes[1997]와 와이어다Wiarda[2003] 참고).

다른 학자들은 사회 공간을 의미하기 위한 용어, 즉 비정부기구, 네트워크, 사회 운동이 활동하는 "공적 영역public sphere"을 사용하며, 이들 간의 상호작용을 형성하는 맥락에 주의를 기울인다(Cohen and Arato, 1992; Keane, 1998). 이러한 용어의 선택으로 인해 우리는 주관성의 담론적 구성에 관심을 집중할 수 있게 된다. 주관성subjectivity이란 개인과 집단을 구성함에 있어 심리적 과정이라기보다는 사회적 관행의 역할을 의미한다. 담론은 대체로 무의식적 방식으로 사람들의 사고방식, 세계관, 그리고 목적을 형성하며, 사람들로 하여금 관습을 통해 행동하도록 하고 이들의 의식적 선택에 보다 영향을 준다. 사람들이 주체로서 구성됨에도 불구하고 이들이 어느 정도까지 의도적으로 행동할 수 있는지는 논쟁 대상이다. 바꾸어 말하자면, 주관성의 개념은 분석가가 얼마나 많은 인과적 무게를 행위자에게 귀속시킬지 그리고 행위자의 행동에 대해 분석가가 윤리적 판단을 내릴 것인지에 대한 함의를 내포한다(이 문제에 대해 우리는 다음에서 논의할 것이다).

핵심 범주화가 특정 행위자들을 비주류로 만들 수도 있기 때문에, 대안적 개념과 방법론은 다른 행위자들을 조명할 수 있다. 예를 들어 국가 중심적 외교사에서는 주로 남성들이 지도자로서 서사의 중심을 이루며, 이 지도자들에 의해 높이 평가되는 행동은 일반적으로 필연적이고 정상적인 것으로 다루어진다. 이와는 반대로, 페미니즘 학자들은 종종 잘 드러나지 않는 여성들의 역할뿐만 아니라 남녀 구별 없이 실행할 수 있는 대안적 행동과 가치(협력, 상호 지원)를 보여주기 위해 대안적 서사법을 사용한다. 또한 페미니즘 학자들은 공적 영역과 사적 영역 간에 흔히 이루어지는 경계가 국제 안보와 세계 경제의 중요한 행위자로서 남성들을 특권화한다고 지적한다(Tickner, 1992, 2001; Sylvester, 1994; Peterson and Runyan, 1999; Robinson, 1999; Peterson, 2003). 세계 경제 또는 국제 교섭의 성별화된 본질에 대한 보다 완성된 이야기, 즉 사적 영역 내에서의 행동과 같은 이야기를 제공하기 위해 학자들은 가사 노동자들(Prügl, 1999)과 외교관 부인들(Enloe, 1993)에 관해 집필해 왔다.

2) 이야기 구조Storylines

이론 틀은 행위자를 기술하는 형용사와 이들의 주도적 측면의 본질을 나타내 주는 동사의 선택을 위한 길잡이가 된다. 예를 들어 수동태는 구조적 상황이 우세하다는 것을 암시할 수 있는 반면, 능동태 동사는 행위자의 능력을 강조한다. 학자들은 결말로 나타나는 이야기 구조를 기존에 있는 다른 이야기 구조 또는 가상 이야기 구조와 비교하며, 때로 이러한 비교는 이야기 구조 간의 논리적 차이를 찾아내게 해준다. 서사는 구성주의자들이 분석을 평가하기 위해 논리적 추론을 어떻게 이용하는지 예시해 준다.

연구자는 특정한 서사가 문제가 있다고 단언하고 나서 더 설득력 있는 이야기를 말할 수 있는지, 그리고 어떻게 말할 수 있는지를 반드시 알아내야 한다. 설득력 있는 이야기는 역사 기술의 전통적 기준에 따라 일관적이고 다양한 범위의 증거를 포괄한다. 예를 들어 정치가들의 서사가 너무도 성별화되어 있다고 이들의 서사를 거부하는 학자들은 대안적 서사를 구성하기 위해 다양한 개인, 비공식 집단, 비정부기구, 그리고 정부 간 관료들의 특징과 활동에 대한 포괄적 문헌 기록을 필요로 한다. 가장 일반적인 전략 중 하나는 정부 또는 기업 지도자들의 견해를 견제하기 위해 사회 내 보통사람들의 여론societal voices을 사용하는 것이다. 이러한 분석을 통해 분석가들은 행위자들이 어떤 수단을 가지고 성별화된 형태의 권력을 초월하려고 하는지 또는 행동을 위한 자율적 공간을 창출하려고 하는지를 이해하는 데 도움을 얻는다(다음에서 우리는 이 문제를 다룰 것이다).

정부 자료는 일반적으로 국가 중심적, 지도자 중심적 분석을 선호하기 때문에 비정부 행위자들이 어떻게든 중요하다는 것을 보여주기 위해서는 대안적 정보 자료가 필요하다. 여러 가지 많은 이유로 인해, 특히 공식적 견해로부터 가려져 있는 사람들의 활동에 관한 기록 문헌에 필요한 정부의 재정 지원이 없기 때문에 기록 문헌에 접근하는 것이 제한적일 수 있다. 예컨대 제1차 세계대전과 제2차 세계대전 사이에 일어났던 평화 운동이 국제기구에 미친 역사적 공헌들은 종종 공식 문서상에는 나타나지 않는다. 냉전에 관한 기록 문헌에 쌓인 먼지를 털어내는 것이 평화 운동의 역할을 드러내 준다(Lynch, 1999a). 20세 후반에 들어, 공식 문헌으로는 환경(리우), 주거(이스탄불), 여성의 권리(북경), 인권(비엔나), 그리고 "사회 계약"에 대한 입장(코펜하겐) 관련 유엔 회의들을 다루는 공식 문헌에서 비국가적 행위자들에 대해 알게 되는 것이 더 용이해졌다. 비공식 자료들은 이 공식 문헌들을 종종 보강해 준다. 가능하다면 언제든지, 연구자들은 회의에 참가하는 참여자들과 인터뷰를 해야 하고, 언론 기사, 뉴스레터, 사설, 회의록들을 세심히 들여다보아야 한다. 오늘날 인터넷은 다국적 기업과 국제 금융 기관을 활동 대상으로 삼는 활동가들의 팸플릿과 세계은행, 국제통화기금, 그리고 국제 노동 기구들의 반응들을 포함하여, 연구에 활용할 수 있는 다방면에 걸친 자료들에 신속하고 저렴한 비용으로 접근할 수 있게 해준다.

부가 자료들을 사용한다고 해서 침묵을 강요당한 행위자들의 견해를 보여주는 "숨겨진 대본hidden transcripts"(Scott, 1990)을 파헤친다고 근본적으로 존재하는 모든 어려움들이 없어지는 것은 아니다. 인터넷의 도래를 통해 이러한 문제들 중 몇 가지를 해결할 수는 있지만, 농촌 지역의 글을 읽지 못하는 소작농들과 같이 모든 활동가들이 인터넷에 글을 올릴 만큼의 능력, 혹은 의향을 가지고 있는 것은 아니다. 사적 영역에 있는 여성들은 공식 협약을 추진하기 위한 비공식 모임을 계획하는데, 이에 대한 기록을 전혀 남겨 놓지 않을 수도 있다. 노동 조건에 항의하며 이의를 제기하는 가사 노동자들처럼 현상 유지에 도전하는 급진적 목소리들은 정책에 영향을 미치는 데 많이 인정받지 못한다. 인터뷰가 불가능할 지도 모르며, 특히 역사적 운동에 대한 인터뷰와 잠재적 대담자가 두려움을 가지고 있을 때 그러하다. 따라서 보다 완전한 이야기를 말하기 위해서는 다양한 증거를 수집하는 창조적 기술을 사용하는 것이 요구된다(Reinharz, 1992; Clemens and Hughes, 2002).

이와는 반대로 오직 사회적 의견에만 의존하는 것은 사회 운동의 효과를 과대평가하게 할 수 있다. 정부 지도자들과 사회 운동은 자신들의 중요성을 강화하기 위해 상대의 중요성을 본질적으로 무시하기 때문에, 분석가들은 이들에 대해 자신이 내린 평가를 다른 정부 기관 대표, 국제기구 관료, 여론 조사, 그리고 관련 비정부기구 또는 경쟁적 비정부기구에서 일하는 사람들이 내린 평가와 균형을 맞추어야 한다. 증거를 판단하기 위해, 새로운 이야기의 일관성을 증진시키기 위해, 어떤 이론이 보다 논리적이거나 포괄적인 플롯에 이르게 하는지를 보기 위해, 다양한 관점들이 비교되어야 한다. 서사는 객관적 사실에 근거한 "정확한" 이야기라기보다는 해석이기 때문에 서사의 일관성과 완결성은 종종 도전을 받는다.

3) 거대 서사Meta-Narratives

서사는 대체로 지배적 이데올로기를 반영하는 이론들에 근거하여 쓰이기 때문에 연구자 자신들이 "거대 서사meta-narratives"에 나오는 주요 등장인물들이 된다. 후기실증주의 같은 일부 학파는 거대 서사를 직접적으로 비판하며, 그러한 거대 서사의 줄거리와 재생산을 가능하게 하는 관계들을 분석한다. 또 다른 학파는 거대 서사에 감추어진 편견들을 파헤치면서, 여성들 또는 평화 운동들과 같이 비주류 행위자들에 대한 이야기를 중심으로 그들에게 힘을 부여하는empowerment 수단으로 거대 서사를 활용한다. 이러한 다양한 재해석들은 당연히 전통적 학문 성향과는 반대되는 경향을 띤다. 여전히 다른 연구자들은 이데올로기적 가정들에 무의식적으로 침윤embedded되어 있을 수 있다. 예를 들어 린치Lynch(1999a)는 이전의 연구들이 제2차 세계대전의 발발 요인을 제1차 세계대전과 제2차 세계대전 사이에 있었던 유화정책과 고립주의를 주장하는 평화 운동으로 설명하지만, 동시에 비정부 행위자들의 중요한 역할을 설명하지 않은 채 구조적 경제 요인들이나 전략적 요인들을 강조한다고 지적한다. 그녀는 이러한 설명에서 나타나는 모순들은 정치가들과 분석가들 사이에 사회 운동을 부정적인 관점에서 보는 현실주의 세계관이 퍼져 있기 때문이라고 말한다.

따라서 서사 방법론에 있어 담론적 권력discursive power은 두 가지 형태를 띤다. 하나는 이야기 줄거리를 통해 행동 주체를 구성하고 맥락화시키기 위한 개념들을 사용하는 권력이고, 또 다른 권력은 특정 플롯을 다른 플롯보다 중요하게 여기는 보다 넓은 차원의 이데올로기에 기반한 권력이다. 거대 서사는 이론적 가정들이 가지는 보다 넓은 차원의 영향력을 통찰력 있게 보여준다. 예를 들어 비정부 행위자들에 대한 오늘날의 관심은 공산주의 붕괴 이후 대안적 세계관으로서 서구 자유주의의 지배를 반영하는 것이라고 볼 수 있다. 이러한 주장에 따르면, 민주적 거버넌스와 시장 경제를 강조하는 자유주의는 특정한 정체성에 특권을 부여하고 국가의 위협을 규정하며 이것은 다시 누가, 어떤 형태로 해외 원조를 받는지에 영향을 미친다. 또 다른 학자들은 자유주의가 서구의 지배를 반영하는지에 관심을 기울이기보다는, 어떻게 자유주의 관행들이 비정부 행위자들로 하여금 "진보"를 강화하는 방향으로 정책에 영향을 끼치는 공간을 열어 주는지 또는 그러한 공간을 차단하는지에 더 관심을 가진다. 물론 진보에 대한 어떤 정의도 가치중립적이진 못하다.

자유주의나 또 다른 형태의 담론적 지배는 대안적 사고와 행동의 가능성을 막아버린다. 잘 드러나지 않는 가정들이 관습적 시각을 당연하게 받아들여지게 하기 때문에, 제도화된 관행들이 재생산됨으로써 학계 내부에서조차 변화의 여지가 거의 없어지게 된다. 이것은 학계가 특정 이데올로기적 입장들을 어떻게 재생산하는지 또는 어떻게 초월하는지에 대한 보다 심도 있는 이해가 필요함을 말해준다. 따라서 분석적 수단으로서의 서사 방법론은 정치적 행동이 된다. 이러한 두 가지 차원의 해석을 조명함으로써, 서사 방법론은 –학계를 포함하여– 행위자들이 무엇을 성취하려고 하는지에 대한 질문에 주의를 기울이게 된다. 프레이밍 방법론은 연구자들로 하여금 그러한 행동의 동기와 효과를 찾아내는 데 도움을 준다.

2. 프레이밍Framing

구성주의 학자는 사람들이 왜 어떤 행동을 하는지 그리고 그들이 희망하는 바대로 결과를 성취했는지 여부를 이해하기 위해 담론의 역할과 행위의 다양한 효과를 살펴본다. 전통적인 정책 중심의 시각은 행위자의 도구적 행위를 통해 목적을 달성하는 능력에 근거를 두고 행위의 효과성(영향력, 또는 권력)을 평가한다. 행위자들이 의미를 구성하는 방식에 주의를 기울임으로써, 정책 논쟁에서 사용되는 언어를 바꾸려는 시도를 포함한 행위자의 목적과 수단을 보다 잘 이해할 수 있다. 의미는 행동의 기반이 되기 때문에 도구적 동학과 구성적 동학을 구별하기는 쉽지 않다. 예를 들어 담론의 목적이 종교적, 윤리적, 또는 역사적 상징을 도구로 사용하여 어떤 사안에 대한 사람들의 인식을 바꾸는 것일 수 있으며(Brysk, 1993, 2000), 따라서 행위자들이 가지고 있다는 "합리적" 또는 "이기적"이라는 가정들에 의문을 던진다.

프레임 분석은 사회 운동 영역에서 주로 유물론과 합리주의적 가정에 대한 대응으로서 발전되어 왔으며(Goffman, 1974; Snow and Benford, 1988), 영향력의 형태로서 의미 생산에 초점을 둠으로써 행위자, 목표, 그리고 행위 간의 복잡한 관계를 분리시켜 분석하려는 시도다. 가령 국제 레짐에서 국제기구와 국가에 영향을 주고자 하는 초국적 사회 운동에 프레이밍 방법론을 적용하는 데는 두 가지 단계가 있다. 우선 연구자들은 특정한 프레임에 대한 내용 분석을 통해 담론의 생산을 살펴본다. 그 다음 연구자들은 이러한 프레임들이 행동에 어떤 영향을 주는지를 평가한다. 그러한 영향들의 담론적 그리고 행동적 차원을 분석하기 위해서는 성공과 실패에 대한 폭넓은 측정 방법이 필요하다.

1) 내용 분석Content Analysis

이데올로기보다 더 정밀한 형태를 가진 담론인 프레임은 특정한 목적과 행동을 합리화하는 구체적인 상황들을 기술한다. "이데올로기"나 "담론"과 거의 같은 목적을 수행하는 "마스터 프레임" 또는 "거대 문화 프레임" 과 같은 용어들이 확산됨에 따라 담론 형태 간의 경계들이 허물어지고 있다. 어떤 학자들은 역사 분석뿐만 아니라 행위자들의 주장을 표현하기 위해 "서사"라는 용어를 사용하는 것을 선호한다(Bosia, 2005). 실제로 지도자와 활동가들이 불러일으키는 이미지들은 프레임 및 이데올로기의 구성물이다. 혼란을 최소화하고 학문적 차이를 강조하기 위해, 우리는 문제를 밝혀내고 그 해결책을 제시하는 틀을 의미하는 사회학적 용어로서 "프레임"을 사용한다. 한 예로 "인식 공동체 epistemic communities"의 활동에 관한 상당히 많은 연구들이 환경, 인권, 안보, 경제 거버넌스－국제 레짐에 의해 다루어지는 넓은 범위의 사안들－의 영역에서 지식 담론과 그러한 담론이 정책에 미치는 영향들을 추적해 왔다.

비록 이 개념이 사회 운동 이론에 뿌리를 두고 있지만, 이 개념의 적용이 어떤 특정 분야의 행위자에 제한되는 것은 아니다. 활동가와 정책 결정자 모두 종종 특정 프레임을 전략적으로 선택해서 동의와 지지를 얻으려고 하는 과정에서 문제에 대한 분석과 이를 해결하기 위한 방안을 명료화articulation한다(Schön and Réin, 1994). 보다 많은 청중들이 공감을 가질 수 있는 프레임을 제시하기 위해서는 언론의 역할에 대한 전략적 평가가 필요하다. 왜냐하면 대부분의 행위자들이 자신의 입장들을 홍보하기 위해 그리고 경쟁적 프레임들과 맞서기 위해 언론의 조명을 받으려고 애쓰기 때문이다. 일반 대중, 전문가들, 지방, 국가, 초국적, 그리고 세계 차원에서의 정책 결정가들이 잠재적 청중들이다.

이러한 프레임들을 찾아내기 위해 연구자들은 지도자의 연설, 특정 집단의 회의록, 공보 자료, 언론이 취급하는 메시지 등 다른 담론적 방법론에서 사용되는 것과 거의 같은 증거들을 조사하면서 연구를 시작한다. 주요 차이점은 이 자료들을 분석할 때 행위에 뚜렷한 초점을 둔다는 것이다. 분석가는 협소한 사안, 특정 불만들, 잠재적 반대자, 그리고 정책 결정 과정에 채택되는 전략 및 특정 정책을 유발하는 핵심 가정에 대한 행위자의 관점을 보여주는 원형template을 찾아내려고 한다. 예를 들어 미국의 많은 평화 활동가들은 일부 국제 변호사, 과학자들과 함께 냉전 시대에 "공동 안보" 프레임을 제시했다. 이는 핵무기에 대한 국제적 통제를 주장했고 미국의 안보가 나머지 세계의 안보와 분리될 수 있다고 보는 견해에 반대하는 프레임이었다(Meyer, 1990; Gamson, 1992; Knopf, 1998). 미국과 유럽에서 상호 완전 파괴Mutual Assured Destruction, MAD라는 핵 독트린에 대해 비판적인 시민 활동가들뿐만 아니라 초강대국의 무기 경쟁을 완화시키려 노력했던 과학자들과 지도자들은 이 공동 안보 프레임을 꾸준히 반복하여 주장했다.

유형화와 다양한 질적 또는 양적 코딩은 증거의 패턴들을 나타내 준다. 연구를 시작하기 위해 연구자들은 정책 제안과 관련된 규범적 목표를 나타내 주는 특정 단어나 용어들을 살펴본다. 예를 들면 뉴스레터, 팸플릿, 표지판, 웹페이지에서 사회 운동들은 "세계화"(그리고 유사한 용어들)를 긍정적 또는 부정적 가치를 부가하는 다른 핵심 단어들과 함께 사용할 수 있다. 정보의 양에 따라 선택적 샘플링이 필수적일 수 있다. 유엔 자료와 같은 텍스트들은 공식표현들을 사용하는데, 이것은 패턴들을 손쉽게 찾아내게 한다. 점점 세밀화되어 가고 있는 컴퓨터 프로그램은 많은 양의 정보를 맥락에 맞게 보다 잘 코딩할 수 있게 해주며, 이는 질적 분석을 보다 유용하게 보완해 줄 수 있게 해준다. 분석가들은 대안적 "텍스트"로서 시위자들의 옷차림과 같은 비언어적 형태의 담론을 포함시킬 수도 있다. 언어로 표현되지 않은 의미들을 해석하기 위해 또 다른 시각적 기법들을 적용할 필요가 있는 것이다.

특정 시기에 특정 용어들의 중요성 정도, 그리고 이러한 용어들의 사용이 지리적으로 널리 퍼져 나가는지를 살피기 위해 내용 분석은 역사적 관점에서 다루어질 수 있다. 한 프레임을 다른 프레임과 비교함으로써 연구의 깊이를 더해주고 어떤 하나의 프레임이 "강하다" 또는 "약하다"고 임의적으로 판단하는 위험을 막아 준다. 한 프레임 또는 다른 프레임이 얼마나 널리 사용되는지를 비교하는 것은 어떤 것이 더(혹은 덜) 지배적인지를 평가하기 위한 하나의 측정 방법이 될 수 있다. 이러한 프레임들을 대비시키는 것은 이 프레임들 간의 상호작용을 보여주기도 한다. 프레임들이 고립된 상태로 항상 진화하는 것은 아니다. 경쟁 구도는 "프레임 전쟁"을 양산해 내기도 한다(Di Alto, 2004). 어떤 프레임은 대안적 프레임과 구별 짓거나 더 우월하다는 것을 보여주기 위해 집단이 사용하는 담론적 기법discursive techniques들을 조명한다. 이 기법은 때론 대안적 프레임의 논리적 모순을 보여준다. 예를 들면 1980년대 동유럽과 소련 정부가 평화는 전적으로 핵무기와 반미사일 방어체제와 관련된 문제라는 입장을 고수해 온 반면, 이 지역의 반체제 인사들은 평화와 인권의 관련성을 보여주기 위해 부단히 노력했다. 이러한 광의의 시각은 프레임이란 항상 정돈되고 일관성 있는 형태가 아니고, 행위자들이 항상 하나의 프레임만을 증진시키는 것이 아님을 말해준다. 여러 개의 프레임들은 다양한 수준의 일관성 또는 통일성을 가지고 서로 중첩될 수도 있고 여러 층위로 나누어질 수도 있다. 이러한 층위들과 특정 프레임 간의 관련성들을 뚜렷하게 분석하는 것은 프레임이 가지는 복잡함을 해결할 수 있는 하나의 전략이다(Johnston, 2002).

프레임 분석은 특정 상황에 대한 행위자들 자신의 표현에 주로 의존하기 때문에 서사보다는 도구적 행위자를 강조한다. 이를 통해 사람들의 행동에 대한 상황적 또는 맥락화된 이야기를 구성한다. 그러나 프레임 분석은 의문이 제기되지 않은 채로 남아 있는 거대 서사 또는 거대 프레임에 침윤되어 있다. 즉 광범위한 의미의 이데올로기적 맥락 내에서 연구를 진행하며 이러한 맥락이 어떤 특정 프레임이 다른 프레임보다 우선하게 한다. 프레임들을 식별함에 있어 어떤 연구자들은 다른 연구자들보다 더 귀납적일 수 있지만, 의미를 부여하는 어떤 종류의 분석이건 간에 단어들이나 옷차림을 사회적, 역사적 맥락에서 분석하기 위해서는 적어도 어느 정도는 이론에서 비롯된 범주에 의존하게 된다. 서사 연구자와 마찬가지로 프레임 분석가는 규범적 이유로 인해 특정 해석에 끌릴 수도 있다. 거대 서사 분석 방법은 우리에게 그 어떤 것도 특정 프레임이나 특정 행위자에게 본질적인 특권을 부여하지는 않음을 상기시켜 준다.

2) 효과 측정Assessing Effects

아마도 성공을 행위자의 몫으로 돌리는 가장 기본적인 단계는 행위자의 프레임이 지배적 프레임이 될 때다. 적어도 연구자들은 프레임의 핵심 단어들이 다른 행위자들의 담론에 나타나게 되는 정도를 기록할 수 있고, 그 담론이 실제로 첫 번째 행위자에서 비롯되었음을 확인하기 위해 이 단어들이 정책 논쟁에 나타나게 되는 시점을 추적할 수 있다(Rochon, 1998). 예를 들면, 인권 단체와 평화 단체들은 공산주의 체제의 정통성을 부정하고 양극 체제의 종말을 가져오는 데 기여했던 사회 내부에 존재하는 불만을 표현함으로써, 문자 그대로 그리고 은유적으로, 베를린 장벽의 붕괴를 가져오는 데 일조했다(Thomas, 2001; Beissinger, 2002). 프레임의 논리적 일관성이 그 프레임의 힘과 지배를 위한 필수 조건이 될 필요는 없다는 것을 명심해 두는 것이 중요하다. 그러나 프레임이 가지는 모순은 반대파가 그 프레임을 훼손시킬 수 있는 취약점을 만들어 낼 수 있다는 것이다.

쟁점을 인정함으로써 연구자들은 프레임과 그 주창자들 간의 관계에 대해 다시 생각해 볼 수 있다. 어떤 프레임 내에 존재하는 이념에 "성공"을 귀속시킬 것인지 아니면 그러한 이념을 증진시킨 사람들에게 성공을 귀속시킬 것이지(또는 언제 성공을 귀속시킬 것인지)에 대해 분명한 입장을 취할 필요가 있다. 프레임은 제도화되어지는 규범과 규칙처럼 그 자체로서 생명력을 가질 수 있지만, 행위자들은 여전히 이러한 담론들을 인정하거나 반대로 도전하기 위해 이러한 담론들을 명료화할 필요가 있다. 특정 이념을 주창하는 자들은 사회 행위자이거나 국가 지도자일 수도 있고, 또는 이 둘 다일 수도 있다. 예를 들어 환경 인식 공동체들은 사회 운동 단체들뿐만 아니라 지도자들과 관료들에게도 스며들 수 있는 지구온난화에 관한 전문적인 지식을 생산해 낸다. 기존의 정치 통로를 통해 활동하는 환경 단체들이 있는가 하면, 보다 폭넓은 대중들에게 자신들의 메시지를 전달하기 위해 시위, 행진, 공개 회의를 선호하는 단체들도 있다. 따라서 연구자들은 특정 프레임의 내용과 그 프레임 주창자들 간의 일치 정도를 조사할 수 있다. 사회 운동 단체들과 정치 지도자들이 반드시 서로 반대되는 입장을 가지고 있다고 가정해서는 안 되며, 이것은 직접 연구를 해 보아야 알 수 있는 질문이다. 같은 프레임(또는 한 프레임과 매우 유사한 변형들)에 대해 수많은 잠재적 주창자들이 있을 수 있기 때문에 영향력 있는 프레임을 창출해 냄에 있어 오직 소수의 행위자들에게만 "성공"을 귀속시키는 것에 대해 신중을 기해야 한다.

구성주의 연구자들은 어떤 평가건 간에 특정한 목적이 있다는 사실에 각별한 주의를 기울여야 한다. 행위자들은 "잠재적 지지자와 구성원들을 동원하기 위해, 방관자들의 지지를 얻어내기 위해, 그리고 적대자들을 흐트러뜨리기 위해" 프레임을 사용하기 때문에(Snow and Benford, 1988: 198), 사회 운동의 성공은 이 운동이 출발하게 된 사회적 불만 요인을 확인하는 의미도 있다. 왜냐하면 이 불만 요인을 해소하기 위한 정책이 채택되지 않는 경우도 프레임은 어떤 문제를 설득력 있게 명료화하기 때문이다. 이와는 반대로 사회 운동이 본래 가치로부터 멀어지면서 새로운 회원을 구성원으로 끌어들이는 역기능을 보일 때도 있다. 정당 또는 이익 집단과 같은 행위자들은 목표를 설정함에 있어 원칙에 의거하기보다는 본질적으로 도구적 판단을 할 수 있으며, 이 때 전략적 회원의 증가와 같은 성과는 그것이 본래의 가치와 다른 방식으로 이루어진 것이라 할지라도 실패라고 여겨지지 않을 수 있다.

더욱이 기억해야 할 것은 행위자들이 모두 변화를 추구하는 것은 아니라는 것과, 프레임들이 현상 유지를(성공적으로) 공고화할 수 있다는 것이다. 예를 들면 지배 권력을 가진 지도자들은 사회 운동들의 요구들을 비껴갈 수 있는 프레임들을 사용할 수 있다. 그리고 관료 조직은 정작 그들이 정책 담론과 밀접하게 관련 있는 프레임을 사용한다는 사실조차 인식하지 못할 수 있다. 흔히 사람들은 어떤 일을 수행함에 있어 기존의 방식들을 암묵적으로 재생산한다. 예를 들어 투표권을 행사하지 않는 미국 시민들은 그들 정부 정책들을 암묵적으로 지지하고, 더 나아가 세계 지배 권력 관계들의 재생산에 동참하는 결과를 가져온다. 게다가 과거 동유럽 사회주의 국가가 의료 서비스, 교육, 그리고 직장을 제공했다는 사실을 알면, 냉전 이후 이 지역의 투표자들이 시장 경제 체제 하에서 어떻게 공산주의자들이나 사회주의자들에게 권력을 되돌려 줄 수 있는지 설명하는 데 도움이 된다.

우리는 논의의 중심을 행위자의 의도에 두어 왔지만, 행동은 다양한 종류의 의도하지 않았던 결과를 가져올 수도 있다. 예를 들어 정치적 표현을 묵살하는 것은 역설적으로, 억압적 정부에 대항하는 시민 사회를 강화하는 문화적, 정치적 대화를 위한 은밀한 공간들을 만들어 내게 할 수 있다. 개인의 권리와 정치 권리를 증진시키는 것은 극심한 경제적 불평등을 고스란히 남겨 놓은 채 투표 참여만을 확대시킬 수 있다. 기업들이 빈곤한 나라에서 보다 값싼 노동력을 구하려고 하는 것은 국가를 초월한 형태의 노동조합 조직의 결성을 장려하는 결과를 가져올 수도 있다. 이러한 예상치 못한 결과들로부터 동기를 추론할 때 분석가들은 신중해야 한다. 그러나 그처럼 의도하지 않았던 효과에 대해 행위자들이 책임을 져야 하는지에 대해 물어 보는 것은 "의도성"을 행위 주체agency의 개념화를 위한 출발점으로 보아야 하는지 질문하게 한다. 이 문제를 살펴보기 위한 하나의 방법으로 민속학에 대해 논의할 것이다.

3. 민속학Ethnography

분명 구성주의자들이 개인과 사회의 관계에 대해 처음으로 연구한 것은 아니다. 마르크스주의자들은 계급의식에 대해 숙고하고, 자본가 계급의 집단 이익의 형태로서 다국적 기업의 역할을 조명한다. 자유주의자들은 이익 집단의 형성과 영향에 대해 연구한다. 사회학자들은(민족적, 인종적, 종교적, 성별화된) 조직화와 네트워킹을 위한 기반으로서 집단 정체성에 대해 탐구한다. 합리적 선택 이론가와 인지 심리학자는 서로 다른 방식으로 개인에서부터 출발하며, 개인을 사회 상호 작용의 분석 단위로 본다. 구성주의는 이러한 분석적 조합에 단순히 더 많은 행위자를 더하기보다 행위 주체가 의미와 상호 작용하고 있다고 보고 있다. 구조는 행동을 구성하기도 하고 행위자들의 행동 범위를 제한하기도 한다.

참여 관찰과 인터뷰 기법을 조합한 민속학은 보다 넓은 담론적 맥락에서의 일상적 목소리와 관행들을 중요하게 다룬다. 지역 단위의 사회에 대한 인간 중심의 이해 증진에 유용한 방법이다. 민속학자들은 각 지역 관행들이 무엇을 "의미하는지", 사람들이 어떤 규칙과 규범들을 따르는지, 그리고 어떤 제도들이 결과로서 나타나는지를 확인하기 위해 집중적인 현장 중심의 관찰과 연구에 몰두한다. 이러한 맥락에서 볼 때 인류학자인 클리포드 기어츠Clifford Geertz의 연구(1973, 1983) 결과는 사회과학 및 인문학 전반에 걸쳐 광범위한 영향을 미쳤다. 최근까지(호프Hopf의 2002년 연구 결과) 국제관계학은 민속학의 영향을 덜 받고 있었고, 이는 민속학 연구자의 전형적 연구 장소가 국제 체제의 영향력으로부터 아마도 너무 멀리 떨어져 있는 "토착 지역" 마을이었기 때문일 것이다. 민속학이 보통 사람뿐만 아니라 지도자의 중요성을 점점 인정하는 경향이 있기 때문에 연구의 범위가 점점 확대되어 관료들과 국제기구들까지 포함하게 되었다. 이러한 상황에서 민속학은 행위 주체의 본질을 탐구하기 위한 적절한 방법이다. 사람들이 연구 대상이라기보다는 주체로서 인정하는 것이 필요하다. 나아가 연구자들과의 대화는 행위자 의식의 변화를 가져올 수 있다.

1) 주관성Subjectivity

제퍼슨, 웬트, 그리고 카첸스타인(1996: 41)은 개인과 공동체 간의 관계를 분석하면서, "환경"이 행위자들에게 영향을 미치는 세 가지 방식을 구별하고 있다. 이들은 세 가지 방식이 '구성'의 단계별 수준이라고 본다. 가장 높은 수준에서 환경은 행위자들의 존재에 영향을 미친다. 앞서 제시한 외교관의 부인들과 가사 노동자들에 대한 예를 다시 보면, 사회적 성별은 특정한 신체 특성들을 가진 사람들(남성)로 하여금 세계 정세와 관련해 활동하는 행위자가 되도록 허용하지만, 그러한 신체 특징들을 충분히 가지지 못하는 사람들(여성)은 세계 정세와 관련해서 활동하지 못하게 한다. 성의 구별이 없는 세상에서는 누가 그러한 역할을 하느냐에 있어 생물학적 차이에 따른 패턴이 나타나지 않는다. 중간 수준은 행위자들의 정체성, 이해관계, 능력과 같은 속성과 관련된다. 성 차별이 깊숙이 자리잡은 환경에서는 교육 기회의 접근성과 그 외에 수많은 차별 요인들로 인해 여성은 외교관보다는 주부가 되게 하고, 기업 임원보다는 가사 노동자가 되게 한다. 마지막으로 낮은 수준에서 환경은 행위와 관련된 함의를 준다. 예를 들어 만약 여성들이 갈등을 피하도록 사회적으로 조장된다면, 가사 노동자들은 시위에 거의 참여하지 않을 것이고, 대사들의 부인들은 본인들이 외교관이 되겠다고 주장하지 않을 것이다.

대부분의 구성주의자들은 구성의 중간 수준과 낮은 수준에 집중하며, 이해관계의 형성과 규범의 영향과 같은 행위자들의 속성과 행동을 연구한다. 그러나 다른 연구자들은 이러한 구체적인 연구 주제에 우선하는 "존재"에 대한 보다 심도 있는 문제에 대해 탐구한다. 예를 들면, 사이드의 비판(Said, 1978)에 근거한 후기 식민주의 연구는 식민주의자들과 서구 학계가 그들의 저작과 정책 제안에서 아랍인들을 열등한 "동양인들"이라고 기술한 것을 비판하고 있다. 주권에 대한 서구의 개념은 이후 이집트의 가말 압델 나세르Gamal Abdel Nasser와 이라크의 사담 후세인Saddam Hussein과 같이 후기 식민지 시대의 국수주의적 아랍 지도자들의 자아관을 형성해 왔다. 이슬람 운동권이 비록 주권에 대한 근대주의의 세속적 담론에 대항해 왔지만, 이 지도자들의 자아관은 이러한 담론을 반영한다(Eickelman, 1997; Salvatore and LeVine, eds. 2005).

이국적 "타자"를 객체화하는 것을 전통적으로 선호하는 인류학에 도전하여 푸코의 지지자들은 "주체의 구성"을 생산해내는 세 가지 관행들에 특히 집중한다(Dreyfus and Rabinow, 1982; Latour, 1993). 지도자와 사회세력은 범주를 정하고 분류하는 것을 관행화한다. 어떤 집단과 다른 집단을 물리적으로 구분하는 것은 사회가 객체로서 다루는 사람들, 즉 빈곤한 사람들, 아픈 사람들, 그리고 정신적으로 정상이 아닌 사람들의 소외와 고립을 허용하는 셈이 된다. "노동자들"이 "죄수들"보다 우위에 있고, "남성들"이 "여성들"보다 우위에 있다고 여기는 것처럼, 과학적 분류화는 그러한 범주 간의 서열을 강화한다. 마지막으로 "주관화subjectification"를 위해서는 사람들이 사회적 서열에 관한 담론들을 반복함으로써 "자아 형성"을 하는 것이 필요하다. 주관화라는 개념은 행위자의 의도와 관행들을 연결 짓기 때문에 주관성은 개인과 사회를 잇는 권력의 메커니즘 또는 그 "기술"을 분석하고 비판하기 위한 핵심이 된다.

주관성 개념이 문제가 있다고 보는 학자들도 있다. 왜냐하면 주관성 개념은 행위자들이 지배적 담론들에 의해 거의 전적으로 형성된다고 보고, 그러한 관행들이 재생할 때 행위자 고유의 역할을 경시하는 경향이 있기 때문이다. 구조와 주체가 상호 구성된다는 구성주의의 존재론적 가정이 의미하는 바는 사람들이 그들의 환경에 의해 사회화되기도 하지만 또 변환적transformative 행동을 수행하는 능력도 가지고 있다는 것이다. 이러한 시각은 담론적 권력의 기술들이 어떻게 주체를 정의하는지에 초점을 두는 푸코의 구조주의적인 연구와 비교해서 주체subject에 좀 더 많은 중요성을 부여한다(추천 도서 목록 참조). 경험 연구에서 행위자들이 자신의 주체적 입장을 초월할 수 있는 정도를 연구함으로써 이러한 두 입장의 긴장 관계가(해소되지는 않더라도) 인정될 수 있다. 행위자들이 개인의 의도를 하나의 특징적 또는 내재적 속성으로서 "소유"하는 것은 아니다(개인주의는 근대주의 시대의 구성물이다[Taylor, 2001]).

행위 주체agency를 의도성의 측면에서 정의함으로써, 구성주의자들은 사람들이 행동하는 환경인 구조를 인식하고 평가하는 것이 적어도 부분적으로는 가능하다는 것을 가정한다. 연구자가 다른 사람의 관점을 진정으로 이해할 수 있는지에 대해서는 여전히 의문으로 남는다. "경험에 가까운" 개념들조차도 분석가들로 하여금 연구 대상자들과 똑같은 방식으로 세상을 인지할 수 있게 하지는 않는다(Geertz, 1979). 사회적 서열이라는 역사적으로 특수한 맥락 내에서 사람들이 어떻게 자신들을 이해하고 있는지를 포착하기 위해 구성주의는 의식이라는 개념을 보다 철저히 연구할 필요가 있다.

2) 의식Consciousness

민속학적 방법론은 관찰자와 관찰 대상자 간의 관계를 전제로 하고 있다. Ⅱ장에서 소개된 참여 관찰은 민속학적 방법의 하나이고, 부분적으로 구조화된semi-structured 면담법은 또 다른 민속학적 방법이다(구조적 면담의 한계와 비엘리트 면담에 대한 기본적인 지침에 관해서는 블리와 테일러Blee and Taylor의 2002년도의 연구 참고). 참여 관찰을 통한 보다 폭넓은 상호 작용이 신뢰를 구축하여 인터뷰 효과를 증진시킬 수 있기 때문에, 이 두 방법들이 서로 별개의 방법으로 다루어질 필요는 없다(실제로 비구조적 면담은 이 둘의 경계를 허물어뜨리고 있다). 이 두 방법은 또한 연구자가 이차 문헌 자료를 충분히 숙지할 것과 적절한 언어 구사 능력을 구비할 것을 전제로 하고 있다. 연구자들은 이 두 가지 방법을 쓸 때 불가피하게도 자신들의 이론적, 문화적 가정들을 동반하기 때문에 가장 큰 어려움은 서로에 대해 "듣는" 것이다.

우리는 페미니즘 연구를 활용하여 예시할 것인데, 페미니즘은 여성들의 객체화에 대해 오랫동안 문제를 제기해 왔다. 성차별화된 권력 관계에 대한 분석은 여성 해방을 위한 가르침을 구하고자 하는 본질적으로 윤리적 과제다(Fraser, 1989). 예컨대 국가를 초월한 여성의 권리를 연구하는 학자들과 활동가들은 서구 담론들에서 여성 문제와 해결책을 제시하는 방식들을 비판한다. 이러한 문제점을 극복하기 위해 애컬리Ackerly(2000)와 산도발Sandoval(2000)은 기술적descriptive, 분석적analytical, 규범적normative 요소들을 결합하여, 참여, 사회정의, 민주주의, 그리고 기본적 욕구들과 같은 목표들을 주장하는 "제3세계" 여성들의 목소리를 조명한다. 이들의 연구는 사회 정의라는 윤리와 비주류화된 여성들의 주체적 가능성agency을 연결하여 지배적 주관성subjectivity에 담겨진 한계를 의도적 행동이 어떻게 초월하는지를 보여준다. 비주류화된 여성들을 위한 해방 담론의 이러한 회의적 "정밀성"(애컬리의 용어)은 "상상력을 탈식민지화하는"(산도발의 용어) 사회 변혁의 과정 중 일부가 된다.

그러나 어떤 사회적 변화든 간에 새로운 형태의 지배와 불평등을 제도화할 위험이 있다. 이것은 또한 정치 이론에 있어 세계시민주의cosmopolitanism의 핵심 문제이기도 하다(Ishay, 1995; Lynch, 1999b). 여성 권리를 말하는 것은 다른 특징들을 충분히 고려하지 않고 몇몇 성별화된 특징들만을 본질처럼 여기게 할 수 있다. 예를 들면 유엔 여성 차별 철폐 협약에 명문화되어 있는 권리들을 모든 여성들이 지지하는 것은 아니다. 우리의 도전 과제는 사회 정의라고 불릴 수 있는 방향으로 가는 것이며, 특정 상황(예를 들면 각각 애컬리와 산도발의 저서에서 다루고 있는 남아프리카 공화국과 미국의 사례와 같이)에 놓여 있는 여성들이 그들 자신이 사회 정의가 의미하는 바를 정의할 수 있도록 하게 하는 것이다. 이를 위해 애컬리와 산도발은 이러한 여성들의 주관성에 대한 이들 자신의 표현의 반영으로서 "제3세계" 라는 용어를 의식적으로 선택한다. 이 두 여성 학자는 이러한 활동가들의 공동체에서 "페미니스트"라는 용어를 둘러싼 논쟁을 논의하고 있다. 이러한 논의는 여성들로 하여금 자신들의 상황을 분석하게 하고 자신들의 역량 강화를 위해 장애물들을 극복하게 하는 하나의 작은 발걸음을 내딛는 것이다. 이것은 연구 분석을 외부(그것이 "선진국"이든, "북반구"이든, "서구"이든 간에)로부터 부여된 의미들과 가치들에 의해 부여된 주관성에서 벗어나게 하고, 학자들뿐만 아니라 행위자들이 윤리적 판단을 할 수 있는 공간을 만들어 낸다.

외부 관찰자로서, 애컬리는 기존의 관행들과 규범들에 도전하기 위한 기준을 만들어내기 위해 그 지역의 활동가들의 조언을 긍정적으로 받아들이는데, 그녀는 이것을 사회 비판가들social critics과 함께 "심의 조사deliberative inquiry"에 참여하는 과정이라고 부른다. 그녀는 분석가들이 보편적으로 적용되어야 할 목록들과 지역적 차원에서 우선시되어야 할 것들을 끊임없이 함께 살펴보아야 한다고 주장한다. 예를 들어 자영업이 더 가치가 있는 것인지 아니면 노동조합이 있는 직장이 더 가치가 있는지에 대해 의견이 다를 수 있다. 그녀 자신의 기준은 지역 활동가들의 해석들과 우선순위에 바탕을 두고 있으며, 지역 활동가들은 그들 자신의 권리와 목표를 제정하고, 구체화하며, 때론 표현을 수정한다. 따라서 그녀는 협약과 조약이 의결되는 유엔 회의에서 채택된 우선순위와 이 국제회의에 참가하지 않는 두 집단, 즉 인도 구자라뜨의 자영업 여성 연합Self-Employed Women's Association과 무슬림 법 하에서 사는 여성 네트워크network of Women Living Under Muslim Laws의 입장과 비교한다. 또한 산도발은 저항의 형태로서의 대중문화, 특히 패러디와 풍자 표현들에 보다 많은 주의를 기울일 것을 권고한다.

페미니즘의 사회 비판은 여성의 역량 강화와 윤리적 행동을 위한 잠재력을 이러한 민주적 심의 과정의 맥락에 위치지어 놓으며, 산도발은 이를 연합 의식coalitional consciousness의 개발이라고 부른다. 관찰자들은 산도발처럼,(지리, 인종, 교육, 계급, 직업, 또는 다른 분류에 따라) 내부인과 외부인으로서의 경험을 모두 공유한 사람들과 대화해야 할 것이다. 예를 들어 아프리카 출신의 흑인 여성이 서유럽에서 교육 받고 다시 지역 NGO를 운영하기 위해 아프리카로 돌아간다면 그녀는 그러한 "다수의 지역 경험을 겸비한 비판가multi-sited critic"가 될 수 있으며, 중동 지역의 관행들을 극복하고자 연구하는 무슬림 혈통의 미국인도 그런 비판가가 될 수 있다. 더욱이 연구자들은 여성들이(프레임 분석에서와 같이) 그들의 목적을 달성했는지 여부에 대한 분석을 넘어 심의 과정이라고 하는 것이 하나의 종착점이 아닌 끊임없이 발전하는 과정이라고 보아야 한다. 이러한 성찰적 태도는 다수의 지역 경험을 겸비한 비판가를 연구에 포함시키는 것과 함께 새로운 형태의 불평등한 권력 관계를 만들어내지 않도록 경계하는 것을 목적으로 한다.

이제까지 구성주의자들은 자신들이 공감하는 행위자들에 초점을 두는 경향이 있어 왔다. 이러한 경향이 관찰 대상자의 인식과 이에 대한 관찰자의 이해 간의 간격을 좁혀 주는 데에 도움을 주지만, 이는 또한 관찰자로 하여금 이른바 "좋은 의도를 가진good" 사회 운동들과 권익 옹호 네트워크들의 행동이 잠재적으로 가져올 수 있는 부정적 함의들을 보지 못하게 할 수도 있다. 상향식 전략에 더 많은 주의를 기울이는 것은 담론적 서열에 의해 침묵 당해 왔던 사람들의 목소리를 들을 수 있게 해 주지만, 페미니스트들은 역설적으로 빈곤한 여성들을 계속 객체화하는 새로운 행태의 규범을 보급시킬 수도 있다. 이러한 방법들은 대량 학살이나 다른 형태의 인종주의의 결과를 초래하는 "나쁜bad" 사회적 원인을 분석하는 데 사용될 수도 있다.

궁극적으로 행위자들과 그들의 관행에 대한 모든 평가는 묵시적 그리고 명시적으로 규범적 입장들을 가지고 있고, 이중 많은 입장들이 특정 문제들과 특정 행위자들을 선호하는 학자들의 서사에 의해 임의적으로 다루어진다. 구성주의가 이해하는 주체와 구조 간의 구성적 관계에 대한 그 어떤 것도 분석가들 또는 연구 대상자들의 윤리적 입장을 예측하지는 않는다(Adler, 1997; Wilmer, 2002). 연구자들은 어떻게 연구 문제의 틀을 잡고 그 해답을 구해 나갈지에 관한 윤리적 함의들에 주의해야 한다.

4. 함의Implication

이 장에서의 우리의 목적은 구조의 맥락과 상호 구성의 과정에서 행위 주체의 역할을 살펴보는 것이었다. 행위자들은 의미들을 끊임없이 협상하거나 재생산하거나 변화시킨다. 사람들의 의도에 집중하는 것은 본질적으로 존재하는 윤리적 측면을 또한 포함한다. 그러나 구조의 구성적 영향은 분석의 서로 다른 수준에서 작용하며, 이로 인해 분석가들은 주체와 이에 따른 주체의 책임성을 어느 수준에 놓아야 할지에 대해 의견을 달리 한다. 유일한 단위로서 국가를 중심으로 하는 전통적 국제관계학에 동조하는 모델들은 "국가 정체성"이라는 개념을 통해 국가에 개인적 성향을 부여한다(Wendt, 1999). 어떤 학자들은 국제기구와 특수한 형태의 지식을 전달하는 대리인으로서 과학자와 법률가들과 같은 전문가 집단을 포함시킴으로써, 국가들이 서로 상호 작용하는 맥락에 주의를 기울인다(Haas, ed. 1992; Finnemore, 1996). 엘리트의 담론들을 살펴보기 위해 국가 내부를 들여다보는 것은 개인을 도덕성의 전통적 담지자인 행위자로 볼 수 있느냐는 질문과 곧바로 연결된다.

사회 운동과 비정부 조직에 관한 연구들이 국가 중심 연구에서 무시되어 온 사람들의 영향력을 보여주고 있지만 국내, 국가 간 지도자 사이에 또는 국가 내와 초국적 사회 구성원 사이에 분명하거나 본래부터 주어진 경계는 존재하지 않는다. 엘리트 네트워크는 국가 내부의 관료들을 포함할 수 있는 반면, 사회 운동들은 여러 시민사회를 넘나드는 활동가들을 연결시킨다. 개인들은 사회 운동과 네트워크에서부터 국제기구의 공식 지위에 이르기까지, 정부와 사적 영역을 종종 넘나든다. 따라서 구성주의자들은 지도자뿐만 아니라 모든 사람들이 (비록 지배적인 관행들을 습관을 통해 재생산시킨다고 하더라도) 세계를 현재의 상태로 유지시키는 것에 대한 책임이 있다고 보아야 할 것이다.

지도자들에 대한 그리고 이들이 주도한 역사를 비판함으로써, 구성주의자들은 일단의 행위자들을 주변화하거나 무시해온 해석들에 도전한다. 서사, 프레이밍, 그리고 민속학은 다른 방법들보다 더 뚜렷하게 이러한 담론적 권력을 드러낸다. 이 방법론들이 특정한 특성들을 강조하고, 다른 특성들을 경시하는 언어와 상징들을 통해 사람들(개인으로서의 사람들 그리고 집단에 속한 사람들)이 행위 주체임을 환기시켜 주기 때문이다. 참여자들과 분석가들 모두에 의해 구성된 이야기와 프레임은 행동과 관련하여 이러한 의미들을 전달한다. 그러나 주체가 중요하다고 말하는 것만으로는 충분하지 않다. 우리는 이 장에서 행위자 간의 차이와 그들의 행위 동기에 대해 거의 다루지 않았다. 예를 들면 우리는 사회적 성별을 하나의 범주로 다루었지, 어떻게 성별이 계급, 민족, 종교, 인종, 또는 다른 범주들과 교차하는지를 탐구하지 않았다.

이에 다음 장에서는 행위자들의 속성에 대해 살펴볼 것이며, 정체성이 개인을 어떻게 집단 구성원으로 규정하는지, 그리고 어떻게 이러한 정체성이 행동으로 나타나는지를 조사할 것이다. 그 과정에서 우리는 인종과 성별과 같은 정체성들이 사회 담론에 의해 우선적으로 부과된다는 의미의 주관성에 기반을 두는 행위 주체의 개념과, 도구적 계산을 통해 종교와 민족과 같은 정체성을 선택한다는 것을 강조하는 합리성에 기반한 행위 주체 개념 간의 계속되는 긴장관계를 살펴보게 될 것이다.

Ⅳ

정체성

Identity

Ⅳ

정체성

Identity

주체와 구조가 상호 구성한다는 존재론에 입각하여 구성주의자들은 정체성을 시간과 맥락에 따라 변화하는 사회관계라고 보고 있다. 예를 들면 안보 위협은 적들이 누구인지를 알게 해주며, 따라서 정체성을 규정하는 자아와 타자의 범주를 만들어 낸다. 자아와 타자와의 범주는 관계들이기 때문에 정체성은 개인과 집단이 가지고 있는 불변의 특성이 아니다. 사람들은 정체성을 가지고 태어나는 것이 아니라 정체성을 생산하고 또 재생산한다. 따라서 경험적 연구에서 구성주의자들은 자아 개념, 자아 개념이 갖는 의미, 그리고 자아 개념과 의미가 반복적으로 가져오는 효과가 발생하는 맥락과 인간의 행동을 연결하는 과정을 탐구한다. 정체성이 민족, 민족주의, 인종, 성별, 그리고 기타 사회 범주들을 통해 어떻게 개인과 공동체를 연결 짓는지를 이해하고자 한다. 안보 공동체의 출현 또는 붕괴와 같은 상호 작용들은 이러한 정체성들을 강화시킬 수도 있고 손상시킬 수도 있다. 그리고 자아 개념은 그들이 누구인지 그리고 그들이 무엇을 해야 하는지를 종종 사람들에게 말해주기 때문에 연구자들은 이러한 정체성들의 영향을 분석하기도 한다.

Ⅰ장에서 거론된 바와 같이 구성주의자들은 정체성의 개념을 포함한 여러 핵심 개념들을 다양한 방식으로 사용한다. 분석 수준의 변화를 통해 다양성

을 더욱 심화시켜 준다. 예를 들어 사회학자는 "패권국"과 같은 집단 간 역할들에 초점을 맞추는 경향이 있다. 인류학적 전통을 따르는 학자들은 국민성, 인종, 또는 성별이 지역적 차원에서 어떤 의미들을 상징하는지에 관해 기술한다. 문화학자들은 "이슬람적", "기독교적", "민주적", 또는 "문명적" 등의 집단 정체성 개념을 기반으로 특정 문명, 종교, 또는 이데올로기들을 거론하면서 거시 분석 수준으로 논의의 초점을 옮긴다. 사회 심리학자들은 개인들이 어떻게 특정한 자기 이해를 수용하거나 거부하는지 분석하기 위해 이러한 거시 현상들을 해체한다.

이러한 접근법들은(심리학 또는 담론적 이유로 인해) 정체성을 보호할 필요가 있다고 주장할 때 주관성의 정도를 서로 다르게 본다. 그 결과 이 접근법들은 그러한 정체성에 대한 위협이 어떻게 불안정성을 만들어 내는지에 대해, 반드시 모순적이지는 않더라도 대조적으로 설명하고 있다. 구조적 관점에서 시작하는 접근법들은 어떻게 담론이나 제도의 맥락이 개인과 집단에 대한 (노골적인) 꼬리표를 만들어 내고 부과하는지를 집중 탐구한다. 행위 주체에 중심을 두는 접근법들은 개인들이 적어도 어느 정도는 자신들의 역할들을 생산해 내고 바람직한 특성 또는 상징적 표상들을 선택한다고 가정한다.

이러한 존재론적 긴장 관계의 함의를 분석하기 위해, 우리는 표상 접근법을 사회 정체성 이론과 대비하고자 한다. 양 접근법이 가지는 인식론의 차이를 인정하지만, 후기실증주의와 실증주의 형태의 구성주의 간의 상호 보완성을 보여주는 데 초점을 맞출 것이다. 특히 우리가 강조하는 바는 정체성이 본질적으로 유동적이라는 사실을 포착하는 과정 중심적 방법론의 필요성을 상호 구성의 존재론이 제시해 준다는 것이다. 우리는 또한 구성주의자들 간의 핵심적 방법론 논쟁을 살펴보기 위해, 정체성을 변수로 취급할 때 따르는 문제점들과 순서법sequencing과 같은 몇 가지 연구 전략들을 논의할 것이다.

1. 주체를 구성하는 구조Structure Constituting Agency

주류 국제관계학자들은 국가를 세계 정치의 주요 행위자로 다룰 때, 주권을 무정부 상태에 기반한 체제에 놓인 국가의 본질적 특성으로 취급함으로써 정체성이 변화 가능하다는 사실을 암시적으로 부정한다. 기껏해야 이들은 정체성에 관한 질문들을 국가 내의 민족주의 연구로 격하시키며, 국제관계학을 비교정치학 분야와 분리시킨다. 전통적 마르크스주의자들 또한 민족주의를 국가를 지배하는 초국적 계급인 부르주아 계급의 이데올로기로 다루기 때문에 정체성 문제를 중요하게 다루지 않는다. 인종이나 성별이 계급의식에 영향을 줄 수도 있지만, 이 둘은 계급과 달리 근본적 구성 토대로 취급되지는 않는다. 또한 이러한 이론적 입장은 주요 행위자로서 국민 국가보다는 계급을 우선한다.

구성주의자들은 사람들이 주권과 같이 깊숙이 제도화된 의미들조차 붕괴시킬 수 있는 잠재력을 가지고 있다는 것을 인식함으로써 이러한 가정들이 가지고 있는 고정성에 도전한다(Biersteker and Weber, eds. 1996). 후기실증주의자들은 이러한 간주간적 이해를 나타내기 위해 "표상representations"이라는 용어를 선호하는 반면, 실증주의자들은 "규범norms"이라는 용어를 사용하는 경향이 있다. 이러한 용어의 차이가 단순히 의미의 차이semantic difference를 나타내는 것은 아니지만, 의미 경합의 역동성을 드러내주는 연구에서 볼 수 있는 바와 같이 우리는 이 둘 사이에 중요한 공통점을 발견한다. 이 두 접근법들은 의미들이 변화한다는 것에는 동의하지만, 이들을 변수라고 부를 수 있는지에 대해서는 의견을 달리한다.

1) 규범Norms/표상Representations

어떤 인식론에 속하든 구성주의자들은 집합체적 행위자로서의 국가의 정체성이 결코 보편적이거나 고정 의미를 가지고 있지 않다는 것을 인정한다. 다수의 학자들이 지적하는 것은 독립 국가의 지위statehood가 어떤 특성을 지니고 있는 데서 비롯되는 것이 아니라, 특정 국가의 주권을 다른 국가들이 외부적으로 인정함으로써 비롯된다는 것이다. 예를 들면, “준국가quasi-states”에 관한 잭슨Jackson(1990)의 연구는 국제 체제가 독립 국가 지위를 위한 규칙들을 규정한다고 주장한다. 특히 그가 주장하는 바는 탈식민지화 과정이 이전의 식민지 국가들에게 “사법적 주권juridical sovereignty”을 부여했으며, 이것은 지리와 민족주의 간의 관련성에 의거하기보다는 정부의 특정한 기본적 조직 특성이 있느냐에 따라 이루어졌다는 것이다. “실패한failed” 국가들을 특징지음에 있어 그러한 기준들이 부재한다는 점에서 그 기준들은 재조명되고 있다. 그로보기Grovogui(1996)는 주권이라는 규범이 탈식민지화된 국가들을 구성하는 “문명화된” 정부의 기준들을 제공한다는 일반 주장에는 동의하지만, 이러한 규범들이 자유화운동을 위한 선택의 폭을 제한한다고 지적한다. 그는 유럽을 “단지 세계 속의 하나의 지역일 뿐”이라고 특징지으며, 주권을 이론화한 르네상스 시대 이후의 국제법 사상가들이 비유럽 출신 법이론 사상가들에게 지적 빚intellectual debts을 지고 있다는 것을 인정하지 않는다고도 주장한다(Grovogui, 2006).

주권이 어디에서 비롯되고 주권의 의미가 어떻게 진화되어 왔는지를 연구하기 위해서는 주권을 흔히 민족주의와 동일시하는 경향으로부터 벗어나야 한다. 바킨과 크로닌Barkin and Cronin(1994)은 “국민 국가”라는 용어를 권위를 상징하는 “국민성”과 “정통성” 두 개의 이상적 형태로 나누어 분해한다. 국민성nations은 “감성의 공동체”에 의존하는 반면, 국가의 정통성은 영토 통제에 의존하고 있다고 제시한다. 실제로 국민 국가는 위 두 가지 권위 형태에 의존하지만, 어느 특정 경우든 국가와 국민이 서로 교차하는 정도는 행동에 의존한다. 래Rae(2002)는 수세기에 걸쳐 자행되어 온 소수 종교 집단의 추방, 인종학살, 대학살, 그리고 기타 “동질화” 관행들이 광범위하게 사용되어 온 것을 조사함으로써, 지도자들이 국민들을 둘러싼 뚜렷한 영토 경계를 만들어 그들의 정통성을 유지하려고 할 때 직면하는 어려움들을 강조한다. 이러한 영토적 정통성과 문화적 권위 사이의 긴장 관계는 역사적으로 진화되어 왔고, 주권의 관행과 국제 체제의 본질에 있어 중대한 다양성을 생산해 왔다(Ⅱ장 참고; 필팟의 연구[Philpott, 2001] 참고).

특히 국제법에 기반한 주권과 관련하여 독립 국가의 지위statehood를 정의하는 것은 우리의 논쟁을 민족주의에서 탈피하여 유엔 가입과 같은 국제 체제 수준에서의 규범들과 관행들이 국가 정체성들을 구성하는 방식으로 옮겨 가게 한다. 따라서 국가가 (본질적으로나 전적으로) 민족주의에 기반하고 있지 않을 때 정체성을 가지고 있다는 것이 무엇을 의미하는지가 주요 논점이다. 민족주의의 근본 역할을 거부하는 학자들은 민족주의의 근본 역할을 인정하는 래Rae가 강조하는 문화적 동질화 전략들이 아닌(또는 이에 더한), 정체성의 "외적"(또는 국제 체제적) 그리고 "내적"(또는 국가 내부의) 요인들sources 사이의 관련성을 찾는 것이 필요하다고 주장한다.

실증주의 경향의 연구들은 이러한 규범의 내용에 초점을 맞추며, 규범이 가지는 역할 규정 속성을 집중 조명한다. 부코반스키Bukovansky(1997)는 "정체성 원칙들"이 국가 간의 상호 작용을 관장하는 규칙들을 통해 국가의 역할을 창출해 낸다고 주장한다. 특정 환경에서는 더욱이 이러한 국제 원칙들은 국내 정권의 정통성을 강화하고 외교 정책에서 일관성을 가지게 한다. 예를 들어 미국 독립 초반기의 지도자들은 무역과 전쟁에 관한 기존의 유럽 규칙들을 가지고 식민지 시대 이후 영국과 프랑스와의 새로운 관계들을 규정하려고 시도했다. 역할로서의 중립성neutrality as a role은 정통성 있는 독립 국가 지위를 위한 내적 요인과 외적 요인들sources을 연결해 주었는데, 이는 중립권neutral rights이 국내 법률 체제에도 포함되어야 하고 다른 국가로부터의 인정을 필요로 했기 때문이다. 그렇게 내재화된 역할들은 근본적인 정치적 원칙들에 관한 합의를 도출함으로써 안정된 정체성을 창출해 낸다.

후기실증주의자들은 지배적 표상들을 통해 드러나는 정체성에 더욱 많은 관심을 가진다. 도티Doty(1996)는 사이드Said의 식민지 담론 분석을 발전시켜, 영국과 미국 정책 결정가들 사이에 일반적 견해였던 백인의, 문명화된, 합리적인 "서구West" 사람들과 어둡고, 성숙하지 못하며, 감정적이고, 식민지화된 케냐와 필리핀 사람들을 대조하기 위해 이미지와 은유를 병치한다. 냉전 시대의 분류적 도식은 "선량한" 미국, "사악한" 소련이라고 이름 붙였지만, 필리핀을 "비합리적"이라고 규정함으로써 특별한 형태의 내정 간섭, 대게릴라전, 그리고 해외 원조의 결과를 가져왔다. 이러한 범주화의 과정은 주체(행위자)와 객체(행동이 가해지는 사람)를 위치 지음으로써 행위자들의 정체성을 규정한다. 그 결과 중립적, 또는 보완적인 관계가 나타날 수도 있지만, 위계 서열 관계가 나타나는 경향이 있다(Todorov, 1984).

역할과 표상은 지배적 권력 관계들이 오직 유일하고 타당한 세계관으로 보이게 할 정도로 그러한 권력 관계들을 반영하고 강화한다(또는 자연스럽게 보이게 한다). 실제로 오직 몇몇 정책들만을 가능한 것으로 보이게 한다. 그 결과 사람들은 이러한 정체성들에 의해 결정된 것은 아니지만 이러한 정체성들에 의해 형성된 방식으로 행동한다. 예를 들어 국가들은 국제 규범을 준수하는지 여부에 따라 정통성을 얻기도 하고 잃기도 한다. 지배 관행들을 따르는 국가들은 간섭받지 않은 채 있을 수 있지만, "탈선" 국가에 대한 간섭은 이른바 국제 공동체라고 일컬어지는 공동체에 의해 정당하다고 간주될 지도 모른다(Weber, 1995; Finnemore, 2003). 마찬가지로 "실패한 failed" 국가는 중앙 정부의 기능이 부재하는 국가인 반면, "불량 국가rogue state"와 같이 대중에게 널리 알려진 꼬리표는 국제(또는 미국이 부과한) 규범에 따르지 않는 국가를 지칭한다. 이 두 용어는 간섭을 허용하게 하고, 그러한 내정 간섭은 "문명화된" 그리고 "성공적"이라고 간주되는 국가들의 지위를 강화한다.

정체성 형성은 결코 자동적이지 않고, 영속적이지도 않다; 이것은 항상 상황에 따라 다르고 일시적 속성을 가진다. 명료화articulation와 요구interpellation의 과정은 본질적으로 존재하는 긴장과 모순들을 포함한다. 예를 들면 사이드Said는 중동 사람들이 위험하기도 하고 순진하다는 주장과 같은 오리엔탈리즘의 몇몇 특징들에 모순점들이 있음을 보여줌으로써, 오리엔탈리즘이 자연스러운 것이 아니라고 주장했다. 중동과 서구에서 기독교인인 팔레스타인 사람으로 살았던 사이드가 자신의 중간자적 경계를 가로지르는 정체성들을 인식하고 있었다는 점에서 그의 그러한 주장은 놀랄 만한 것이 아니다. 마찬가지로 도티Doty는 식민지화된 사람들에 대한 그림을 성숙하지 못한 것이라고 채색하는 것은 이들이 자치 능력이 없고 제 구실을 충분히 할 수 있는 주체로 성숙하게 될 필요가 있다는 것을 가정한다고 지적한다. 하지만 식민지화된 사람들을 이렇게 취급하는 것은 독립을 요구하기 위한 어떤 단계를 제시하게 한다. 위협에 대한 특정 표현들이나 주체의 입장들이 서로 간의 경합에도 불구하고 살아남아 지속되는 한, 이들은 집단 정체성들을 "고정fixing"하는 엘리트 담론의 권력을 보여준다.

2) 고정성Stability/유동성Fluidity

구성주의자들은 정체성 개념에 쟁점적 본질이 있다는 데에 원칙적으로 동의하지만, 이러한 사회 구성물들이 언제 상대적으로 고정되어 있는 것이라고 취급할 수 있는지에 대해서는 의견을 서로 달리 한다. 표상representations이라는 용어는 정체성이 너무 불안정하고 서로 겹쳐 있어서 변수로서 취급되지 않는다는 견해를 나타낸다. 그러나 역할이나 규범이라는 용어를 채택하는 연구자들이 모두 정체성들을 고정적인 것으로 취급하거나 변수 개념으로 받아들이는 것은 아니다. 우리의 견해는 이러한 것들을 경험적으로 판단해야 한다는 것이다. 즉 어떤 정체성은 특정 상황에서 다른 정체성들보다 더 고정적일 수 있다;

어떤 정체성들은 다른 것들보다 더 포괄적일 수 있다; 그리고 어떤 정체성들은 다른 정체성들보다 더 위계적인 것일 수 있다. 정체성 연구는 고정성 아니면 유동성이라는 유연하지 못한 가정에 의존하는 인식론적 입장을 살펴볼 것이 아니라, 다양한 모습에 이르게 하는 정체성 구성의 과정들에 초점을 두어야 한다.

정체성은 자동적으로 자연스럽게 되는 것이 아니고, 주체와 객체 간의 단순한 이분법에 반드시 의존하는 것도 아니다. 예를 들면 뉴만Neumann(1996, 2004)은 러시아/소비에트 정체성 간에 존재하는 긴장들을 분석하는데, 그는 이러한 긴장들을 특히 프랑스 혁명이 군주 정치에 이의를 제기한 이후 나타난 유럽과의 관계에 관한 끊임없는 협상의 결과라고 보고 있다. 그는 국가(또는 핵심 지도자들)가 그들 사회 또는 다른 세계의 지역들에 부과하기 위해 정체성을 선택한다는 가정을 거부한다. 정체성은 모순적일 수 있고, 서로 중첩할 수 있으며, 분명히 경합을 벌일 수 있다. 종교와 계급은 러시아 지도자들을 일관적으로 분리시켜온 정체성의 두 차원일 뿐이다.

마찬가지로 비록 "서구"와의 관계가 정체성에 관한 모든 내적 논의가 이루어지는 주요 핵심 지점, 또는 "심층 구조deep structure"를 제공한다고 뉴만이 주장하지만, 유럽에 대한 러시아/소비에트의 견해들이 획일적인 것은 아니다(냉전 시대 소련의 지도자에 관한 연구들은 또한 짜르와 볼셰비키 시대에 서구와 관련하여 불안과 열등의식의 주제가 반복적으로 나타나고 있음을 기술했다). 서구화에 대한 의견이 빈번하게 바뀌었고, 이는 유럽에 대한 어떤 특정한 표상들도 비고정화했으며, 산발 정책에 반전을 가져왔다. 제2차 세계대전 이후 미국의 부상은 유럽을 서구와 동일시하는 경향을 약화시켰다. 이로 인해 고르바초프 이전의 국가와 계급 간의 관계에 대한 재고찰이 이루어졌다. 따라서 러시아 사례에 대한 뉴만의 분석은 서구의 지배적 이미지와 관련하여 지도자들이 정체성들에 대해 활발하게 논쟁했다는 것을 보여주는 것이기 때문에, 제국주의자와 식민지 국민, 또는 주체와 객체 간의 단순한 이분법에 도전하게 된다.

뉴만은 서사적인 이야기 구조를 만들어 내지 않고, 가능한 대안들에 대한 논쟁을 기술함으로써 유동적 정체성들에 대한 증거를 제시한다. 그는 계보학적 접근을 이용하여 상대적으로 포괄적이고 귀납적으로 텍스트를 검토하는 것으로부터 출발하여 관계에 대한 도덕적 판단에 초점을 둘 것을 권고한다(1996: 2-3). 그러고 나서 그는 언제 새로운 사상들이 서적, 논문, 신문, 그리고 기타 언론 자료들에 나타나는지, 그리고 그 이후에 이러한 새로운 사상들이 논쟁의 주변과 중심 사이를 어떻게 움직이는지를 추적한다. 논쟁의 주변과 중심을 오가는 속도는 다양하게 나타날 수 있으며, 담론적 기회들을 창출하거나 없애 버릴 수 있다. 그는 새로운 등장이 성공을 위한 비결은 아니라고 주장한다.

표상과 역할들의 근저에 자리잡고 있는 의미들에 주의를 환기시킴으로써, 뉴만은 권리 또는 중립성과 같은 개념들이 포함과 배제의 담론에 입각해 있다는 사실을 연구자에게 상기시킨다. 예를 들어 부코반스키의 연구는 미국과 유럽은 중립권과 여러 정체성 원칙other identity principles들을 교섭하는 특별한 관계가 있다고 가정한다. 그녀의 연구는 또한 국제기구들이 독립 국가의 지위를 규정하는 규칙들을 만들어 내지만 지도자들이나 관료들이 그러한 규칙들을 수용하거나 위반하는 결정들을 한다는 것을 연구자들에게 상기시킨다. 뉴만이 텍스트에 집중하는 것은 개별 지도자들이 사회 구조에 침윤되어 있을 수 있지만, 이들이 선택의 폭을 덜 가지고 있어 특정 정책들에 대한 책임을 덜 가질 수 있다는 것을 말해준다.

텍스트에 기반한 접근법을 수행함에 있어 일종의 책무성accountability을 유지하거나 되살리려고 시도하는 학자들도 있다. 예를 들면 미국 외교 정책 연구에 있어 캠벨(1998a)은 강대국의 언어에 스며들어 있는 모순들을 드러내기 위해 정책 비망록과 조약들에서 지속적으로 언급되는 민주주의의 자명한 해석에 대해 이의를 제기한다. 그는 대안적 정체성의 명료화를 지적하며, 암묵적 거대서사에 도전하고 유럽인들이 아메리카 원주민을 만났을 때부터 냉전 이후 시대에 이르기까지의 대안적 이야기 구조를 만들어 냄으로써, 이 역사가 자연스러운 것이 아니라는 것을 말한다. 이후 보즈니아에 관한 연구에서 캠벨(1998b)은 인종과 종교를 배타적으로 이해해야 한다고 주장한 강경론자가 문화 소수 집단 거주 지역을 설립하는 것을 나토와 유엔이 지지함으로써 "인종 청소"라는 악명 높은 정책을 가져오게 했다고 주장한다. 그 결과 다른 보즈니아인들이 다문화적 전통을 유지하는 것이 어렵게 되었다.

비록 이러한 정체성들이 어느 특정한 역사 지점에 고정되어 있기는 하지만, 이러한 것들이 본질적 정체성들은 아니다. 그런 견고한 배타적 정체성들이 항상 대안적, 다문화적 정체성들에 승리하는 것은 아니다. 윌머Wilmer(2002)가 유고슬라비아에서의 다양한 목소리들에 대한 민속학적 분석에서 보여주는 바와 같이 일련의 정체성들이 반드시 지배적인 것은 아니다. 마찬가지로 범 아랍주의pan-Arabism의 진화에 관한 연구에서 바네트Barnett(1998)는 초국적 정체성과 국가 정체성이 반드시 편안한 관계는 아니더라도 공존하고 있다고 분석한다. 그가 주장하는 바는 "대화"의 과정을 통해 다수의 정체성들이 서로 교차하고 서로에게 영향을 줄 수 있다는 것이다. 이렇게 중동과 발칸 지역에서 정체성들이 국경을 가로질러 이동하는 것은 초국적인 문화적 과정들의 몇몇 단면들을 보여주며, 인류학자인 아파듀라이Appadurai(1996)는 이를 "에스노스케이프ethnoscapes"라고 말한 바 있다. 다이아스포라는 국가 간 대화보다도 훨씬 더 분명하게, 국경을 가로지르는 관행들을 수행할 수 있고, 국가로 하여금 국가 간 또는 인종 간의 경쟁적 주장들을 아우를 수 있는 정체성들을 가질 수 있도록 잠재적 영향력을 행사할 수 있다. 예를 들어 호주와 캐나다와 같은 이민자의 나라들은 문화적 차이에서 비롯되는 사회적 갈등들을 해소하기 위해 다문화 정책들을 변경하는 것이 일상적이다.

3) 변동성Variability

후기실증주의자들이 국제 규범에 초점을 두는 연구에 대한 비판에서 자주 지적하는 바와 같이 정체성에 관한 국가 중심적 견해는 정체성의 변이성을 강조하는 세계와 지역과의 복잡한 연계를 보여주지 못할 수 있다. 그러나 정체성이 특정 경계를 가지고 있는지에 대해 이의를 제기하는 것은 다음과 같은 훨씬 더 근본적인 질문을 제기 한다: 그렇다면 정체성 개념이 분석적 가치를 잃어버리는가? 브루베이커와 쿠퍼Brubaker and Cooper가 도발적으로 주장한 바와 같이, "정체성이 어느 곳에서나 발견된다면, 이것은 아무 곳에도 없는 것과 같다"(2000: 1). 이에 대한 대응으로 우리는 고프와 던Goff and Dunn(2004a: 3-4)의 견해를 따르는데, 이들은 정체성이 형성되는 세부 과정component process들이 어떻게 연관되어 있고 언제 서로를 강화하는지를 이해하기 위해 이 과정들을 파헤치고 재구성할 것을 주장한다.

그러한 과정들을 경험적으로 파헤치고 재구성하기 위해 분석가들은 정체성을 비교할 수 있는 기준을 마련할 필요가 있다. "시점 1"과 "시점 2"에서의 담론들, 또는 "지역 A"와 "지역 B"의 담론을 대비시킴에 있어 시간 또는 장소를 변수로서 생각할 수도 있다. 정체성이 자연스러운 것이 아니라는 것을 보여주고자 하는 연구자들은 또한 역사적 비교 또는 사례 간 비교를 이용하여 정체성에 대한 대안적 이해가 가능하다는 것을 예시한다. 어떤 전략을 사용하건 간에 연구자들은 어떤 특별한 시기가 집단 정체성을 형성하는 절대적 또는 객관적 근원이라고 취급하지 않도록 주의를 기울여야 한다. 왜냐하면 다른 연구자들이 항상 대안적 해석들을 제시할 수 있고 또는(Ⅱ장에서 역사적 시기 분류에 대해 살펴보았듯이) 과거를 더 거슬러 올라가 연구를 수행할 수 있기 때문이다. 기준을 마련한 다음 분석가들은 계보학적 접근과 역사적 서사와 같이 과정 중심적인 방법론을 사용하여 정체성의 근원들과 형태들을 묘사할 수 있으며, 이는 집단 정체성을 구성하는 특징, 역할, 지위, 기능에 대해 사람들이 어떻게 생각하는지에 주의를 환기시킨다.

어느 지점에서 연구의 구획을 지을 것인가에 대한 판단은 초점을 고정성에 둘 것인지 유동성에 둘 것인지에 부분적으로 달려있다. 연구자는 강한 자아 개념self-conception의 근원을 살펴보는 것에서 출발하여 그 이후의 도전들에 대해 자아 개념이 어떻게 저항하는지에 집중할 수 있다. 또는 하나의 정체성과 동시에 존재하는 정체성들을 비교하여 시간이 흐름에 따라 이들의 궤적을 추적할 수 있다. 이러한 전략들 중 그 어떤 것도 다른 전략들보다 본질적으로 더 좋거나 나쁘지 않다. 정체성의 외적 그리고 내적(또는 초국적) 구성물들 간의 긴장을 탐구하는 데 더 적절한 전략들도 있고, 대안적 내부(또는 외부) 요인들의 중요성을 분석하는 데 더 적절한 전략들도 있다.

그러나 특히 정체성의 반복적 영향을 탐구하는 연구자들에게 있어 기록 문헌은 문제가 될 수 있다. 연구자들이 국가 정체성의 증거로서 외교 정책을 사용할 경우 정체성이 같은 정책들을 선택하는 데 영향을 준다고 주장한다면, 이들은 동어 반복의 논리 오류를 범할 위험이 있다. 하나의 전략은(Klotz, 2006에서 주장된 바 있음) 전쟁과 무역과 같은 전통적 외교 정책 사안들을 보완하는 다른 사안 영역을 선택하는 것이다. 이민 정책은 특히 국가가 "우리"와 "그들"을 어떻게 식별하는지 핵심적으로 알 수 있게 해주는 수단이다. 비정부 행위자들에게 있어 유사한 핵심 사안들로는 지역적, 국가적, 세계적 수준에서 다른 사람들을 위해 이들이 주창하는 정책뿐만 아니라, 이들 비정부 조직 내부에서의 여성들의 권리, 계급 이익, 또는 종교적 신념의 관행에 관한 것들이 될 수 있다. 이러한 연구 목표는 중요한 정책 사안에 관한 담론을 통해 역할과 특징들을 추적함으로써, 정체성의 변화가 어떤 중요성을 띠는지를 포착하는 것이다. 이런 연구를 수행함에 있어서 도전 과제는 구조와 주체를 단순히 혼합하는 것이 아니라, 상호 구성이 동시에 일어나는 사실을 인정하는 증거를 선택하는 것이다.

이러한 모든 전략들은 어떤 과정들이 특정 정체성들로 하여금 지속적일 수 있게 하는지에 대한 포괄적 질문에 관한 통찰력을 제공해 준다. 그러나 이러한 전략들은 표상을 지지하는 사람들이 어떻게 특정 프레임 또는 규범을 강화하는지에 대해서는 거의 답해주지 않는다. 정체성의 고정화는 끊임없는 주시를 요하기 때문에 우리는 다음에서 정체성 문제에 대한 행위자 중심의 접근법을 논의할 것이다.

2. 구조를 구성하는 행위 주체Agency Constituting Structure

구성주의자들은 정체성이 "우리"와 "그들" 사이의 구별에 기초를 둔다는 사실에 대체로 동의한다. 심리학 언어에서 사회 정체성 이론가들은 범주화가 "외부 집단"을 경시하는 "내부 집단"을 어떻게 만들어 내는지를 조사한다. 남alterity이라는 언어를 사용하여, 푸코의 추종자들은 주체들이 "타자"를 객관화하는 표상들을 생산해 내며 타자는 이러한 담론들을 수정하거나 다시 쓸 능력이 결여되어 있다고 주장한다. 구성주의자들은 이론과 용어의 차이를 막론하고 비교를 통해 정체성들이 구성된다는 것에 동의하고, 연구자들은 이러한 비교를 기술하고 해석한다. 또한 사회 정체성 접근법과 표상적 접근법이 모두 주장하는 것은 비교가 내재적 서열을 만들어 낸다는 것이다.

이들 접근법이 달라지는 것은 누가 이러한 비교를 하는지, 또 그러한 비교가 어느 정도 제도화되는지에 관한 것이다. 때로 개인들은 자신들을 어떻게 정의 내릴지를 (그리고 이들이 대표하는 국가를 어떻게 정의 내릴지를) 선택할 수 있다. 그러나 어떤 상황에서는 그런 정의가 다른 사람들에게 정체성을 부과할 수도 있다. 표상 이론가들은 특히 알튀세Althusser와 홀Hall(추천 도서 목록 참조)의 이론에 기반을 두고 지도자들이 특정 정체성들을 "명료화articulation"함으로써 차이를 구성하며, 지도자들이 자신들의 지배를 정당화하는 것을 다른 사람들에게 "요구한다interpellate"고 가정한다. 이 틀은 다른 사람들에게 정체성을 투사하는 한 집단의 능력에 행위자를 위치시킨다. 이와는 대조적으로 심리학자들은 이러한 사회적 과정들을 범주화 및 선택과 관련하여 개념화하고, 행위 주체를 개인에게 둔다.

1) 범주화Categorization / 명료화Articulation

개인과 집단들은 특정한 특징들에 더 가치를 둔다. 정체성 담론을 구성하는 일상적 관행들을 몇 가지 제시하자면, 다른 사람들이 어떻게 공휴일을 경축하는지(국민성), 어떻게 신문을 읽는지(언어), 어떻게 회의에 참석하는지(정치적 소속 단체), 어떻게 머리를 자르는지(성별, 인종), 그리고 어떻게 예배를 하는지(종교) 등이 있다. 사람들은 이와 같은 차이를 인지함으로써 세계를 이해하게 된다. 사람들은 다른 이들이 이런 것들을 다르게 한다는 것을 보기 전까지는 그러한 일상의 일들에 주의를 기울이지 않거나 특별한 중요성을 부여하지 않는데, 이런 차이를 인지하는 것은 이민자들이 이웃으로 이사오면서 일어날 수 있다.

사회 정체성 이론가들은 개인들이 차이에 대한 인식을 어떻게 그리고 왜, 집단을 규정하는 범주들로 바꾸는지를 연구한다(Larson and Shevchenko, 2003; 또한 Monroe et al. 2000 참조). 이것은 두 번째 단계인 특정 집단과의 동일시에 이르게 한다. 사람들은 그들이 특정 사회 범주에 속하지만 또 다른 범주에는 속하지 않는다고 인식하는데 이것은 "내부 집단in-groups"과 "외부 집단out-groups"으로 알려져 있다. 마지막으로 사람들은 자신들과 다른 사람들을 대조시킴으로써 이러한 "우리we" 감정에 가치를 부여하며, 정체성의 구성물 중 가장 가치 있는 것에 통상적으로 특권과 지위를 부여한다. 비교는 부정적 또는 중립적 평가에 이르게 할 수 있지만, 사람들은 내부 집단의 동질성과 외부 집단들에 대한 부정적 판단을 모두 과장하는 경향이 있다. 그 결과 정형화는 매우 흔한 것이 되어 버린다.

정형화stereotypes와 같은 자아 인식이 어떻게 인지와 행동에 영향을 미치는지를 이해하기 위해, 사회 심리학자들은 이러한 정신적 이미지들을 "도식schemata"이라고 종종 기술하는데, 이것은 사회 운동 이론에서 프레임과 대조된다. 도식과 프레임은 모두 행위자들이 하는 말에 주로 기초하여, 행동을 위한 고정적이고 일관된 가이드라인을 제공한다. 도식이 사람들이 다른 집단들과 관련하여 어떻게 자신들을 범주화하고 서열을 매기는지에 초점을 두는 반면, 프레이밍은 집단 결속력과 정책 제언에 주안점을 둔다(어떤 사회학자들은 프레임 대신 도식을 사용한다. 혼동을 막기 위해 우리는 도식은 개인에게 사용하는 것으로 보고 프레임은 집단에 사용하는 것으로 본다). 사회 정체성 이론이 집단 내부에서의 개인의 지위를 평가하는 반면, 프레이밍은 사회적 동원의 인과적 이야기와 잘 조응한다. 그 결과, 이 둘은 정체성 확인identity affirmation 작업을 성공과 실패를 평가하는 데 포함시킨다. 실제로 이 두 접근법을 결합함으로써 우리는 프레이밍이 가장 성공적일 때는 그 정책 제언이 내부 집단 정체성들을 강화할 때라고 예측할 수 있게 된다.

이 사회 심리학 접근법은 국제관계에 적용된다. 지도자들이 특정 정책들을 추진할 때 사용하는 지위와 특권에 관한 언어의 예에서 분명하게 나타나는 바와 같이, 이 접근법은 타자와 관련된 개인의 자아 인식을 집중적으로 분석한다. 정체성 형성의 세 단계에 따라 분석가들은 집단들이 정형화를 포함하여 자기 이해와 비교를 위해 사용하는 범주들이 어떤 것인지 살펴본다. 이후 이러한 것들이 정실주의와 다른 관행들을 통해 어떻게 지위와 서열로 변형되는지를 추적한다. 예를 들어 냉전 시대에 미국과 소련의 지도자들은 다양한 측면에서 서로를 비교했다. 로날드 레이건 대통령의 유명한 "악의 제국"에 대한 언급과 같이, 양국의 지도자들은 서로에 대해 편향된 이미지들을 창출하기 위해 군사력, 경제 생산력, 기술 혁신, 그리고 인권의 차이들을 조명했다.

사회 정체성 이론이 개인에 초점을 맞추고 있지만, 이 이론은 사람들이 보다 넓은 맥락 안에서 살고 있다는 것, 특히 정체성이 정책 선택에 있어서의 요인으로 간주될 때 그러하다는 것을 인식하고 있다. 예를 들면 어떤 형태의 역사 기술법은 다수 인과적 설명을 위해 필수 불가결하며 그러한 설명에 있어 심리학적 접근법은 변화(또는 변화의 메커니즘)를 위한 개인의 특정한 동기를 제공해 준다. 사회 정체성 이론은 또한 정치 지도자들에게 적용되어, 관료적 맥락에 관한 기존의 이해에 의존하는데, 이러한 관료적 맥락은 지도자들에게 국가(또는 국민 또는 계급)와 같은 집단을 대신해서 정책 선택(아마도 바람직한 정체성들을 재확인하는 정책 선택)을 할 수 있는 권위를 부여한다. 일반적으로 분석가들은 지도자들이 이러한 집단들을 대변하여 말한다고 가정한다. 그러나 집단 정체성의 정의에 대한 집단 내 분쟁, 또는 다른 차원의 갈등은 무엇보다도 우선하여 그 지도자들이 권력을 잡을 수 있도록 하는 정치적 캠페인이나 관료적 책략에 대해 보다 깊은 연구를 필요로 한다.

이와는 대조적으로, 표상 접근법은 이러한 맥락의 문제들을 분석의 주변이 아니라 중심에 둔다. 예를 들어 호프(2002)는 소비에트/러시아 지도자들의 발언들을 보다 넓은 사회 담론들을 대표하는 것이라고 취급하여 이러한 정체성이 일상생활에서 어떻게 표현되는지를 중점적으로 살펴본다. 역사적 연구를 위해 민속학적 연구 방법을 수정하며, 그는 지도자들이 결정을 내리는 사회적 맥락을 재창출하기 위해, 대중문화, 특히 소설과 잡지를 살펴보고, 1955년에는 계급에 대한 논쟁이 있었고 1999년에는 국민성에 대한 논쟁이 있었음을 알아낸다. 1955년과 1999년에 나타났던 지배적 표상들을 분석한 후, 호프는 이러한 비유와 이미지들이 어떻게 외교 정책 선택에 영향을 주었는지를 추적한다. 역사적 서술가들과 마찬가지로, 그는 특정한 정체성들이 형성되는 사회 역사적 배경을 기술하고자 한다. 조직의 문헌과 지도자들의 연설들을 토대로, 그는 "새로운 소비에트인New Soviet Man"과 같은 집단 정체성을 한데 묶어 명료화한다. 그러나 호프는 개인의 동기가 특정 정책 선택에 어떻게 연결되는지를 말해주는 인과적 이야기 구조를 제시하기보다, 특정 외교 정책들의 선택을 가능하게 하는 사회 담론들을 범주화한다.

이러한 표상적 접근법에 결여되어 있는 것은 왜 특정 개인들, 특히 국가 지도자들이 이러한 다수의 사회 정체성들 중 하나의 정체성 혹은 또 다른 정체성을 반영하는지에 대한 설명이다. 사회 정체성 이론은 핵심 지도자들, 그리고 그들의 사회적 맥락과 같은 개인 간의 관계에 우선적으로 초점을 둔다는 점에서 보완적 접근법을 제공해 준다. 여기서 우리는 다양한 정체성 중에서 선택을 할 수 있을 때 개인은 어떻게 그리고 왜 특정한 정체성을 선택하는지, 그러한 정체성을 선택할 것을 "요구interpellate"하는지에 대해 질문하게 한다.

2) 선택Selection / 요구Interpellation

도식과 표상의 내용은 개인이 살고 있는 맥락에서 비롯된다. 심리학적 접근과 표상적 접근은 둘 다 사람들이 어떻게 일정 범위의 가능한 정체성으로부터 일부를 선택하는지 또는 그러한 정체성을 갖도록 요구되는지를 이해하기 위해 분류 과정process of labeling들을 분석하는 것에 주안점을 둔다. 타자성alterity이라는 언어를 말하는 연구자에게 있어, 정체성 분류는 민족주의에 관한 서사에서 반복되는 말들과 그러한 말들이 갖는 불안insecurity의 비유들처럼, 담론적 대립으로부터 비롯된다. 이분법에 도전하는 행위(해체deconstruction)는 정체성의 대안적 표현을 위한 공간을 열어 준다(그러한 대안들이 또 다른 이분법에 의존하는지 여부는 표상 이론가들 간에 더 논쟁을 해야 할 부분이다). 사회 정체성 이론은 텍스트에 덜 초점을 두고 선택에 더 많은 초점을 맞춘다. 사회 심리학자들에게 있어 메커니즘이란 보다 높은 지위의 집단들과의 긍정적 관계 그리고 그 집단에서의 구성원 자격을 갖기 위한 개인의 필요에 초점을 두지만, 반면에 표상 이론가들은 사회화를 강조한다.

사회 정체성 이론에 의하면 사람들은 긍정적으로 평가되는 집단의 구성원이 되고자 한다는 점에서, 자신들을 낮은 지위의 집단에 속해 있다고 인식하는 사람들에게는 몇 가지 선택들이 열려 있다(Larson and Shevchenko, 2003: 79). 개인들은 보다 높은 지위의 집단으로 이동하려고 한다(사회적 이동). 또는 그들은 낮은 지위의 집단의 구성원으로 남아, 보다 높은 지위의 집단들과의 경쟁을 통해 그들의 집단적 지위를 향상시키려고 할 수도 있다. 사회적 경쟁 또는 그들은 지위에 대한 기준을 재정의 하려고 시도할 수도 있다(사회적 창조). 이러한 대안들은 개인 수준에서 높은 정도의 자율성을 가정한다. 분석이 국가 수준으로 옮겨갈 때, 이러한 선택들은 정체성과 외교 정책을 연결하는 국가 지도자들에 대한 가설로 쉽게 변형될 수 있다. 예를 들면 테크놀로지 열세로 인해 국제적 지위가 쇠퇴하는 것은 정체성 변화를 가져오는 조건을 만들어 낸다. 그러나 선택은 집단의 경계가 허물어질 수 있느냐에 의존한다. 외교 정책 결정가들이 다른 국가 집단에(망명이나 반역자 집단은 제외하고) 참여할 선택의 여지가 거의 없기 때문에 국제적 경쟁과 지위에 대한 창조적 재구성이 일어날 가능성이 크다.

라슨과 셰브첸코는 사회 정체성 이론을 소비에트 사례에 적용하였는데, 고르바초프와 그의 핵심 참모들이 냉전이 최고조에 달했을 때 군사 경쟁에 실패하여 1980년대에 사회적 창조에 관한 선택을 했다고 주장한다. 이들 지도자들은 재규정된 국제 질서에서의 "새로운 세계적 임무"가 혹독한 경제적 어려움 속에서 초강대국으로서의 소비에트의 지위를 강화시켜 주면서 소비에트의 "국민 정체성national identity"을 유지시켜 주리라 희망했다(라슨과 셰브첸코, 2003: 78). 라슨과 셰브첸코는 물질주의와 이념주의에 근거한 대안적 분석들이 고르바초프가 보다 전통적이거나 위험 부담이 덜한 선택을 하지 않고 특히 "유럽 공동의 고향common European home"이라는 개념을 선택했는지 그 이유를 제대로 설명해 주지 않는다고 주장한다.

"신사고New Thinking"는 기존 소비에트 정책 사고에 대한 근본 특징들을 너무도 많이 뒤집었기 때문에 라슨과 셰브첸코의 견해에 따르면, 이 신사고는 정체성의 변화를 의미했다. 인도주의의 보편적 경향은 유럽 사회 민주주의자들 및 미국과 유럽 간의 네트워크 사이에 널리 퍼져 있던 군비 축소와 인권 사상을 편입시켰고, 이는 결국 내부 집단과 외부 집단 사이의 경계를 허물어뜨렸다. 세계는 더 이상 자본주의와 공산주의를 경계로 분리되지 않았고, 따라서 초강대국 간의 갈등은 불가피한 것은 아니었다. 그러나 신사고는 러시아와 아시아 간의 비교보다는 그동안 지속되어 왔던 러시아와 유럽 간의 비교 등 소비에트의 과거와 자유주의적 개인주의에 대한 회의에 여전히 기반을 두고 있다. 고르바초프는 또한 중앙 집권적 정책 결정의 전통을 여전히 유지했으며, 이러한 전통은 러시아의 정체성을 규정함에 있어 그가 러시아 전체를 대표하여 말할 수 있는 권위를 부여했다.

라슨과 셰브첸코는 소비에트의 정체성 변화를 국제 지위의 쇠퇴와 물질적 비용을 적게 들여 지위를 향상시키고자 했던 전략의 선택이라는 점에 근거를 두고 설명했다. 소비에트/러시아 정체성의 국내 경합에 대해 기술한 뉴만Neumann과 호프Hopf의 연구와 지도자들이 이러한 경쟁적 정체성들로부터 어떻게 선택을 하는지에 관한 라슨과 셰브첸코의 분석 틀을 결합하는 것은 개인과 (국가를 포함한) 집단 정체성들 간의 관련성을 분석하기 위한 기초를 제공해 준다. 그러나 강조해야 할 것은 어떻게 개인이 사회 담론들을 반영하는 지다. 지도자들과 그들의 정책들이 언제 그러한 사회적 담론들을 변형하는지에 대한 질문에는 아직 대답이 제시되지 않았다. 예를 들어 호프가 1955년과 1999년 사이에 사회적 정체성의 변화가 뚜렷이 있었음을 기술하지만, 그의 민속학적 방법론으로는 왜 그런 변화가 일어났는지에 대해 설명하지 못하고 있다.

요구interpellation의 개념은 지도자들과 사회 사이의 구성적 관계의 측면을 탐구한다. 예를 들면, 웰즈Weldes는 1962년 쿠바 미사일 위기가 일어났을 당시의 외교 정책 담론에 관한 연구에서 세계 지도자의 인식을 보여주는데, 이는 고르바초프가 1980년대 후반에 소련을 되찾으려고 노력했다고 라슨과 셰브첸코가 말했던 상황과 유사하다. 경쟁이라는 프리즘을 통해 보면 소비에트가 쿠바에 미사일을 설치한 것은 세력 범위의 경계, 즉 정치 지도자의 근본인 자기 토대에 도전한 것이었기 때문에 미국의 지도자들은 이를 "위기"라고 해석했다. 이 상황을 위기라고 이름 붙임으로써, 오직 특정한 대응만이 가능한 것으로 여겨졌고, 다른 선택들은 처음부터 사실상 제거한 셈이 되었다. 모든 해석에서와 마찬가지로, 이러한 표상들은 "진실"이라고 증명할 수 없지만, 분석가들은 이전에 상상할 수 없었던 정책들이 실제로 가능해졌는지를 확인할 수 있다. 정체성 담론이 변하면, 이에 따라 정책 결정가들에 의해 논의되었던 선택의 범위도 변화한다. 실제로 웰즈는 쿠바의 미사일을 묵인하자고 초기에 제안했던 정책 결정가들이 금세 아무런 목소리도 내지 않았다는 것을 보여준다. 따라서 그녀는 특정한 정체성에 의해 정당화되는 행위의 유형을 보여줄 수 있다.

요구interpellation는 지도자들에 의해 제시된 정체성을 사람들이 받아들이거나 채택하는 과정을 일컫는다. 자아와 타자의 특징들을 반복함으로써 대중들은 특정 정체성으로 "환기"된다. 사람들이 자신들을 이러한 비유로 인식할 때, 표상들을 묵묵히 따르거나 적극적으로 포용한다. 문화적 비유와 일상 어휘를 사용하여 지도자들은 그들의 청중들에게 와 닿을 수 있는 언어를 말하려고 한다. 예를 들면 웰즈는 쿠바 미사일 위기 당시 미국의 지도자들은 자신들의 평화적 의도를 소비에트 행동의 분명한 이중성과 침략성과 대조했다는 것을 보여준다. 핵 공격을 받았을 때 어떻게 자신들을 보호할 수 있는지를 학생들에게 가르치는 긴급 사태에 대비한 학교의 비상훈련, 그리고 사람들로 하여금 식료품들을 사재기하도록 부추기는 공공 발표와 같이, 개인들의 일상생활에 와 닿을 수 있도록 행동함으로써, 정치인들은 위협에 대한 그들 자신들의 해석을 퍼뜨렸다. 마찬가지로 던Dunn(2003)은 콘래드의 소설 『어둠의 심장*The*

Heart of Darkness』에서 나온 이미지들을 본뜬 콩고Congo에서의 전쟁에 대한 견해가 어떻게 아프리카에 대해 아무 것도 모르는 사람들에게 익숙하고 정확하게 느껴지는지를 보여준다. Ⅱ장에서 논의한 참여 관찰은 개인적 수준에서 언어가 가지는 그러한 구성 효과를 보다 심도 있게 설명해 준다.

대안적 정체성들은 항상 가능하기 때문에, 지도자들은 이러한 비유와 은유들을 끊임없이 재생산해야 한다. 프레이밍에서 살펴 본 바와 같이, 이것을 집단적 목표들 위한 전략적 명료화라고 분석할 수도 있지만, 캠벨(1998a)은 이에 대한 위험을 깊이 각인시킴으로써 국가 정체성을 구성하는 행위라고 보고 있다. 지도자들은 어느 경우에서든 국가 기관들을 통해 이러한 "공공의" 담론을 어느 정도 통제하며, 이는 대안적 정체성의 발현을 약화시킬 수 있다. 예를 들면, 뉴만Neumann(1996: 4)이 지적한 바와 같이, 검열 제도는 지도자들도 논의에 참여하지만 논의의 한계를 정할 수 있도록 한다. 지도자들은 단순히 배우들이 아니라 무대 관리자들이기 때문에, 지도자들이 정체성들을 강요하는 데 성공하기 쉽다는 사실에 놀라서는 안 될 것이다. 그리고 이러한 것들은 다음 세대에 지도자들이 나타나고, 정체성이 발현되는 데에 있어 오랜 시간 동안 지속성과 고정성을 만들어 내는 사회적 환경이 된다.

그러나 요구interpellation의 개념을 적용함에 있어 연구자들은 단순히 "대중들publics"을 "사회societies"와 동일시해서는 안 된다. 외교 정책 결정가들은 특정 정체성을 부과시키는 것이 필요한 청중으로서 일반 대중들이 아니라 다른 부서의 관료들이라고 생각할 수도 있다. 분명히 미국 의회는 단순한 범주화를 하지 못하도록 한다. 고르바초프의 등장이 미국의 소련에 대한 견해를 바꾸었다는 것은 동맹국과 국제기구와 같이 훨씬 더 많은 잠재적 대중들이 있다는 것을 의미한다. 다른 연구자들은 초국적 차원을 포함하기도 한다. 예를 들어 바네트(1998)는 외적 맥락이 다양하게 존재한다는 것을, 그리고 그러한 다양한 외적 맥락 내에서 아랍 지도자들이 정체성들을 발현시킨다는 것을 강조한다. 예를 들면, 주권 국가의 역할은 반 식민주의 운동이라는 아랍 공동의 지역적 역사로부터 비롯되는 비공식적 역할들보다 더 공식적이고 제한적이다. 외적 그리고 내적 차원들이 어떤 국가에 있어서는 민족주의로 수렴되는 반면, 다른 국가에서는 초국적 범아랍 유대성이 더 강한 영향을 발휘한다.

불가피하게도, 연구자들은 다양한 종류의 가능한 정체성들과 직면한다(예를 들면 고프와 던Goff and Dunn의 2004b 연구에서 다양한 예시 제시). 다수의 담론들은 사람들을 복잡하고 경쟁적 정체성들을 가지도록 "환기"시킬 수 있고, 그 결과 모순적인 자기 이해를 가지도록 유도할 수 있다. 개인에게 있어 심리학자들은 이것을 정체성의 위기라고 일반적으로 부른다. 이와 유사하게도 국내 정권은 경쟁적 정체성들이 서로 화해할 수 없을 때 정당성의 위기를 가질 수도 있다. 실제로 가장 화해할 수 없는 타자는 개인의 과거 또는 국가의 과거일 수 있다. 종속 관계는 집단 간 뿐만 아니라, 집단 내부에서 일어날 수 있다. 예를 들면 유럽 연합의 정책 결정가들은 그러한 복잡성에 정기적으로 대면한다. 와이너Wiener(1998), 첵켈Checkel(1999), 그리고 코슬로우스키Koslowski(2000)는 모두 시민권이 헌법, 팽창, 그리고 정체성에 관한 논의들과 교차한다는 것을 지적한다.

다층의 대중multiple public들이 잠재적으로 가능하다는 것은 궁극적으로는 개념 문제라기보다 방법론의 문제일지도 모른다. 청중에 관한 질문들은 사적 정체성의 표현이라기보다는 공적 정체성의 표현이라는 측면으로 연구자들을 이끈다(물론 여성주의 이론가들은 이러한 공적, 사적 영역의 구별에 근본적인 이의를 제기한다). 예를 들면 비밀 외교 전보가 아닌 연설문이 공적 표현에 내재하는 실천적 측면들을 포착한다. 이러한 다수의 정체성들의 증거를 가지고 연구자들은 이들 간의 관계에 대한 질문으로 눈을 돌릴 수 있다.

3) 순서법Sequencing

지금까지 논의된 연구 결과들은 정체성 구성을 위한 다수의 가능한 경로들을 펼쳐 놓는다. 부코반스키와 웰즈는 국가 간의 상호 작용을 제시한다. 바네트와 라슨과 셰브첸코는 초국적 확산에 대해 살펴본다. 호프와 뉴만은 국내에서 일어나는 정체성의 경합에 집중한다. 이들의 용어 차이에도 불구하고, 이 모든 연구자들은 국가와 같은 집합체들이 어떻게 정체성을 가질 수 있는지를 보여주고 있다. 그러나 이들은 서로의 주장을 지나쳐 버리는 경향이 있는데, 왜냐하면 이들이 결과로서의 정체성 형성(종속 변수)을 이해하고자 하는 것인지(독립 변수로서), 정체성이 가져오는 영향들을 이해하고자 하는 것인지, 아니면 이 둘의 순환적 결합(이 경우 독립 변수와 종속 변수 간의 차이를 분별하기 어려움)을 평가하려고 하는 것인지 항상 분명한 것은 아니기 때문이다.

"경로 의존성path dependence"이라는 개념은 정체성의 중요성을 포함하여 상호 구성의 순환적 역동성recursive dynamics을 분석하는 데 도움을 준다. 역사적 결정론이나 매몰 비용sunk costs보다는 "긍정적 피드백"의 메커니즘이 왜 특정 관행들이 오직 몇몇 정책의 선택만 가능하게 여겨지는 "경로"로 제도화되는지를 설명해 준다(Pierson, 2004; Cederman, 1997 참고). 언제 특정 관행(또는 확장한다면, 정체성의 의미)이 지배적인지 분석함에 있어 이러한 피드백 효과들의 발생 시점과 순서가 매우 중요하다. 경로 의존성 주장들은 역사적 중대 시점의 중요성을 설명하고자 한다는 점에서 계보학적 접근을 보완한다. 그러나 경로 의존성 주장들이 경쟁 관계에 있는 이해관계에 기반한 설명 틀을 사용하는 것은 구성주의 내부에 존재하는 가장 근본적인 긴장 중 하나로, 즉 어떻게 현실의 물질적 측면을 해석할 것인가에 대한 문제를 지적해 준다. 이는 연구자들로 하여금 이해관계와 정체성 간의 관계를 탐구하도록 이끈다.

대부분의 구성주의자들은 이해관계interests를 정체성과 마찬가지로 사회적 구성물이라고 취급한다. 예를 들어 웰즈(1999)는 "정체성", "이해관계", 그리고 "가상적 안보"를 서로 호환하여 사용하며, 각각이 명료화articulation와 요구interpellation를 지속적으로 강화하는 과정들을 통해 서로에게 영향을 준다고 보고 있다. 이 과정들을 분석함으로써 암묵적인 순서 관계를 드러낼 수 있다. 정체성은 특정 화자로 하여금 집단의 이해관계를 규정하게 하는 힘을 부여하는 주체적인 입장을 의미한다. 그러한 정체성과 양립할 수 있는 목표와 우선순위만이 어떤 정책 선택이 가능한지에 대한 단서를 제공해 준다. 예를 들면 쿠바에서 소련의 미사일을 제거해야 한다는 목표는 공습을 할 것인지 봉쇄 정책을 펼 것인지에 관한 선택을 할 수 있게 해준다. 정체성과 이해관계는 서로 분리된 변수가 아닐 수도 있지만, 각각의 담론적 내용에 의해 충분히 분별 가능할 수도 있으며, 그러한 담론적 내용은 이 둘을 보다 정확하게 구별하게 해 주고, 특히 이 둘의 잠재적 영향력을 구별하게 해준다. 정체성과 이해관계가 구별될 때 비로소 분석가들은 이해관계가 정체성의 원천으로서의 역할을 할 수 있는지 탐구할 수 있으며, 이것은 (모순적 또는 교차적) 정체성의 다양성과 유동성에 대한 하나의 설명을 제공해 줄 수 있다.

이해관계가 사상적 요인ideational source이 아닌 물질적 요인으로부터 비롯된다고 여기는 구성주의자들도 있다. 예를 들면 압델랄Abdelal(2001)은 물질적 이해관계와 사회적으로 구성된 정체성을 뚜렷하게 구분한다. 소련의 붕괴 이후에 등장한 국가들의 경제가 어떻게 다양한 궤적을 밟아 왔는지를 분석한 그의 연구에서, 정체성은 이해관계와 정책 결과 간의 매개 변수intervening variable가 된다. 사회 집단들 그리고 정부는 국가 별로 다르게 나타나는 정체성의 개념에 의존하지만, 이들은 구조적으로 유사한 경제적 어려움에 직면한다. 결과적으로 이들은 서로 다른 정책들을 주장한다. 왜 민족주의자들이 기업가들보다 경제적 희생을 더 쉽게 받아들이는지를 설명하기 위해, 압델랄은 비용과 편익costs and benefits을 강조하는 합리주의적 틀을 채택한다.

그러나 구성된 정체성과 물질적 이해관계를 뚜렷하게 분리하는 것 또한 한계가 있다. 정체성을 민족주의와 동일시함으로써, 압델랄은 민족주의자들이 어느 정도까지 기업가와 공산주의자들과 동맹을 맺을 수 있는지를 측정하면서 정체성을 연합의 동학coalition dynamics으로 격하시켜 버린다. 이와는 대조적으로, 뉴만(1996)의 타자성alterity 중심의 접근법은 타자로서의 러시아Russia-as-the-Other라는 담론이 이러한 이익 집단들 각각을 구성했을지도 모른다는 점을 제시한다. 연구자들은 압델랄의 합리주의적 틀을 라슨과 세브첸코(2003)의 사회 정체성 이론을 적용해 수정함으로써 국가의 국제적 지위를 사회적 편익이라고(그리고 국제적 지위의 상실을 비용이라고) 분석할 수 있을 것이다. 그러나 웰즈는 실제로 실행되지 않은 행동이 반드시 더 많은 손실을 초래하는 것이 아니라 그러한 행동이 가능한 것으로 명료화되지 않은 것뿐일 수도 있다고 지적한다.

압델랄과 웰즈/뉴만 사이의 이러한 차이는 정체성과 이해관계의 관계 분석에 따르는 어려움을 보여준다. 비록 정체성과 이해관계 둘 다 모두 구성의 과정을 거친 결과물이지만, 이 둘을 혼합해서는 안 된다. 또한 물질주의적 그리고 합리주의적 대안 틀에 의존하게 되면 사회적 구성의 몇몇 핵심 동학을 간과하게 된다. 경로 의존성 개념이 제시하는 바와 같이, 발생 시점과 순서에 주의를 기울이는 것은 정체성과 이해관계 간의 복잡한 상호 작용을 분석하는 방안을 제공해 준다.

3. 함의Implication

정체성은 제도화되고 사람들은 그 속에서 행동하는 맥락의 일부가 된다. 서로를 보완해 주고 강화해 주는 정체성이 있는가 하면, 서로를 훼손하고 모순되게 하는 정체성도 있다. 정체성은 고정적이라기보다는 변화 가능하기 때문에,

사람들은 정체성을 바꿀 수 있다. 따라서 정체성은 뉴만Neumann(2004)의 용어에 의하면, "심층 구조"와 "자유롭게 떠돌아다니는 기호 표현free-floating signifier" 사이의 어디엔가 존재한다. 이 복잡함과 잠재적 모순을 파헤치기 위해, 우리는 인식론의 스펙트럼 양 끝에 있는 연구 전략들을 병치해 놓았다. 사회 맥락 내부에서의 정체성의 자기 구성을 강조하는지 아니면 역사적 맥락에서 정체성의 강요된 담론을 강조하는지에 따라 분명히 사회 심리학과 표상 접근법은 다르다. 그러나 이 두 접근법은 어떻게 그리고 왜 정체성이 변화하는지에 대해 양립 가능하거나 보완적인 설명을 제시한다. 이러한 주장들을 명쾌하게 하고 자세하게 부연하는 것은 정체성 문제에 관한 구성주의 연구를 위해 보다 다양한 방법론적 수단들을 제공할 것이다.

우리가 여기에서 평가한 연구들은 국가와 외교 정책에 초점을 두기 때문에, 정체성에 기반한 보다 심화된 탐구를 필요로 하는 다른 수많은 연구 안건들은 다루지 않았다. 예를 들어 우리는 민족주의보다는 주권에 집중함으로써 사회 운동이나 다른 비정부 행위자를 살펴보기보다 어떻게 "국가 정체성"을 개념화할 것인지에 대한 질문에 주력했다. 우리의 선택은 비교 정치로부터 국제관계를 분리하는 경향을 어느 정도 강화한다. 이러한 경향은 국가를 특정한 모습으로 고정화시키며, 이는 우리가 일반적으로 지지하지 않는 시도다. 특히 "세계화"에 관한 연구들이 국제적 역동성이 국내 과정에 미치는 영향에 주의를 기울이는 시점에, 우리는 모든 정체성에 관한 경합에 보다 많은 관심을 기울일 것을 권장한다.

우리가 국가에 초점을 맞춘 것이 국제관계 이론에 있어 국가가 가장 중요한 단위라는 존재론적 주장으로 수용했다고 해석해서는 안 된다. 이것은 개인이 아닌 사회적으로 구성된 집단을 분석 단위로서 취급하는 모든 연구와 관련된 문제의 한 사례다. 우리는 다른 국내 상황 및 초국적 상황에서 주체와 행위자를 연결 지을 수 있도록 사회 심리학과 표상 이론으로부터 비롯된 주장들을 보다 정교하게 만들 것을 권고한다(Monroe et al. 2000; Cederman and Daase 2003). 어떤 경우에는 유추와 비유를 사용해 국가나 비정부기구들과 같은 집합적 행위자들에 사회 심리학적 접근법을 적용하는 것이 유용할 수 있을 것이다. 다른 경우에는 이러한 집합체를 지도자들과 그들을 선출한 국민들로 구별하는 것이 더 적절할 것이다.

연구자들이 개인 또는 집합적 주체 중 어디에 집중할지 상관없이 구성주의자들은 정체성과 이해관계를 융합하는 것을 자연스럽지 않은 것으로 여길 필요가 있다. 시간에 따른 순서법이 이러한 연구를 추구하기 위해 우리가 사용할 수 있는 유일한 방법론적 수단이며, 모든 연구 테크닉과 마찬가지로 이 방법론은 강점과 약점을 가지고 있다. 이들과 경쟁하는 설명들, 특히 물질적 이해관계나 비용과 이익에 관한 합리적 계산에 근거한 설명들은 연구자들로 하여금 정체성에 관한 특정 주장들을 분석할 수 있도록 도와준다. 그러나 이것들은 이해관계의 물질적 기반과 비용과 이익에 관한 객관적 계산에 관한 이의를 제기할 수 있는 가정에 근거를 두고 있다. 이러한 것들도 구성주의 입장에서 정밀하게 분석할 필요가 있으며, 우리는 다음 장에서 이 과제를 다룰 것이다.

V

이해관계

Interests

V
이해관계
Interests

많은 구성주의자들은 국가를 상대적으로 고정된 정체성과 제도로 구성된 집합적 행위자corporate actor로 취급한다. 따라서 "국익national interests"은 국가(또는 집합체를 대표한 국가의 지도자들)가 원하거나 필요로 하는 것을 의미한다. 외교 정책 전문가들은 국가 지도자들이 암시적이거나 명시적인, 장단기 전략적, 경제적, 그리고 윤리적 관심사를 평가하고 조율한 결과 산출되는 정책 결정의 기초에 국익이 있다고 보고 있다. 냉전 시대처럼 구조적으로 안정된 시대조차, 국가는 다양하고도 변화무쌍한 관심사에 이끌려 왔다(Wolfers, 1962). 군사력의 우위만으로는 서로 싸울지 아니면 무역을 할지, 군비를 보다 증강할지 아니면 군비 축소를 협상할지, 또는 군사적 우세를 통한 힘의 과시를 할 것인지 아니면 자신들 국가의 민주 제도의 우월성을 보여줄 것인지를 결정하지 않는다.

따라서 구성주의자들은 이해관계가 (어떤 방식으로든) 물질적 근원으로부터 비롯된다는(대부분의 현실주의자, 자유주의자, 그리고 마르크시스트들이 가지고 있는) 국제관계에서 공유하는 가정에 도전한다. 이해관계는 정체성에서 비롯된다. 군사적 조치는 외부 위협에 대응하기 위해 사용될 수 있지만, 누가 또는 무엇이 보호되어야 하는지를 어떻게 판단하느냐에 따라 무기 체제의 적절성이나 효율성이 결정된다. "생존"을 가장 기본적인 이해관계로 간주하는 것은 자아self가 보존되어야 한다는 것을 가정하는 것이다. 사회 변화의 가능성을 분석하는 데 각별한 관심이 있는 구성주의자들은 정당성의 개념이 생존을 정의한다고 보기 때문에, 비정부 행위자가 국익을 어떻게 재정의 하려고 하는지를 조사한다. 동맹을 연구하는 학자들은 공유된 정체성이 자아의 경계를 확장하고, 국가가 집단 안보를 성취하기 위해 기꺼이 감수하고자 하는 비용을 증가시킨다는 것을 지적한다. 이러한 문제들은 연구자들로 하여금 정체성, 제도, 그리고 상호 작용에 있어 이해관계가 어디에서 비롯되는지를 탐구하도록 한다.

"우리는 누구인가"와 "우리는 무엇을 원하는가" 간의 복잡한 관계를 밝히기 위해 우리는 이해관계의 변형interest transformation에 관한 두 가지 종류의 연구를 대비시킨다. 우선 국가 지도자에 초점을 두면서 국제적, 국내적, 그리고 초국적 영향을 비교하는 사례연구를 사용하는 주장들을 조사함으로써 분석 수준의 문제를 다룰 것이다. 그러고 나서 이러한 연구들이 일정 범위의 잠재적 과정들을 제시하기 때문에, 우리는 이해관계의 변화를 가져오는 두 가지 메커니즘으로서 소통과 협상을 분석하는 학자들을 중심으로 다룰 것이다. 이렇게 언어 행위speech act에 초점을 두는 것은 합리성에 관한 논쟁을 다시 생각하게 한다. 그러나 우리가 주장하는 바는 구성주의자들을 지속적으로 분열시키는 핵심 사안이 합리성에 관한 문제가 아니라 의도성에 관한 아직 해결되지 않은 문제들이라는 것이다.

1. 비교 선택Selecting Comparisons

정체성과 마찬가지로, 이해관계는 자명한 것도 아니고 고정적인 것도 아니다.

즉 이해관계의 형성은 설명할 필요가 있는 하나의 과정이다. 이해관계를 상호작용과 제도화된 정체성의 결과로서 개념화하는 것은 간주간적 내용을 가정하는 것이다. 따라서 구성주의자들은 이타적 동기와 도구적 동기를 나란히 배치하는 것이 규범과 이익을 잘못 분리하는 것과 같다고 보고, 이러한 구별을 거부한다. 사람들이나 국가가 편협한 이기심을 넘어서 행동하는 증거를 찾는 것으로는 충분하지 않다. 특히 어떤 행동도 자기 이해관계에 근거한 동기를 가지고 있다고 (적어도 행동이 일어난 사실 이후에) 축소 해석될 수 있기 때문이다. 과제로 남아 있는 것은 틀에 박힌 물질주의적 개념화를 반박하고 이해관계의 간주간적 측면을 보여주는 연구 계획을 제안하는 것이다(우리는 여기에서 상호 구성의 오직 한 차원에만 집중하고 있다. 구조를 구성하는 요소로서의 규범은 II장에서 논의된 바와 같이, 이해관계를 어떻게 이해하느냐에 따라 이미 형성된다).

비교사례연구는 구성주의자들이 이러한 구성적 측면을 분석하기 위해 사용하는 가장 흔한 방법이다. 사례 선택을 위한 근거가 중요한 것은 분명하다. 왜냐하면 유사점과 차이점에 관한 특정한 결합을 강조하는 것은 대안사례연구를 정당화시킬 수 있기 때문이다(George and McKeown, 1985; Ragin, 1994; Odell, 2001; George and Bennett, 2005). 연구자들은 또한 가상 시나리오를 대안적 설명으로부터 연역적으로 도출하여, 이러한 시나리오를 사례 선택과 대조하기 위해 사용한다(가상 사실counterfactuals들은 고유의 이점과 한계가 있다(Fearon, 1991; Tetlock and Belkin, 1996). 인과성의 언어와 변수의 논리가 이들 연구에서 지배적으로 나타나며, 이러한 연구는 사례 선택을 통해 특정 요인들을 (상대적으로) 상수constant로 보지만, 그러한 용어가 꼭 필요한 것은 아니다. 단일 사례조차도 비교를 암시적으로 드러낼 수 있다. 단일사례연구가 일반적 주장을 하기 위한 기초로 사용되거나 특별한 경험들의 특이성을 강조하는 방법으로 사용되기 때문이다. 분석가들이 일반화를 선호할지,

상세한 설명을 선호할 지와 상관없이 비교 방법론은 잠재적인 두 가지 함정을 피해야 한다. 즉 경쟁적 설명이라고 잘못 여겨진, 분석 수준에 따른 보완적 주장들과 과정과 결과를 혼합하는 사례 선택이 그것이다.

1) 분석 수준Levels of Analysis

구성주의자들은 이해관계의 근원을 여러 분석 수준에서 찾기 때문에, 분석가들은 분석 수준에 따른 보완적 설명과 같은 분석 수준에 있는 대조적 설명을 구별할 필요가 있다. 어떤 연구자들은 국가 간 상호 작용을 통해 확대되는 규범의 영향, 국제 레짐, 그리고 초국적 인식 공동체와 같은 국제적 맥락에 초점을 둔다. 다른 연구자들은 어떻게 외교 정책의 목적이 경쟁적 비전으로부터 선택되는지를 이해하기 위해 국가 내부를 들여다본다. 서로 다른 분석 수준에서 작용하는 이러한 요인들은 보완적 설명들을 제공할 수 있으며, 보완적 설명의 예로 이해관계의 국내적 발현에 영향을 주는 국제 규범을 들 수 있다. 혹은 사회 운동의 중요성을 주장하는 분석가가 있는 반면, 국제기구가 더 중요하다고 주장하는 연구자가 있는 것처럼, 이러한 요인들은 경쟁적 설명을 제공할 수 있다. 적절한 사례 선택은 연구자가 질문을 어떤 방식으로 제기하느냐에 달려있다.

구성주의의 주요 논점 중의 하나가 국제 체제가 사회 구조로 구성되어 있다는 것이기 때문에, 구성주의의 기본 주장 중 하나는 이러한 관념적 맥락ideational context이 국가를 (정체성과 이해관계를 가진) 행위자로 만들어 낸다는 것이다. 이 견해는 행동 차원에서의 순응을 강조하는 레짐에 관한 기존 연구를 넘어선다. 즉 국제기구는 행위자들이 새로운 규범들을 배우는 장arenas 이상을 의미한다(Ⅱ장을 보라). 규범을 적극적으로 증진시키는 독립적 행위자로서, 국제기구는 국가에 보다 깊은 구성적 영향을 가질 수 있다. 예를 들어 피네모어Finnemore(1996)는 국제기구들이 국가를 때때로 "가르친다teach"고 주장한다. 그녀는 유네스코(UNESCO 국제연합 교육과학문화기구)가 특정 과학 관념, 즉 근대 국가를 특정한 형태의 과학 정책 관료 조직을 가지고 있는 것과 동일시하는 관점을 증진시켰다는 점을 보여준다. 근대 국가로서 인정받기를 바라는 욕구로 인해, 국가 지도자들은 당장에 초래되는 비용에도 불구하고 관료 체제를 설립한다는 목표를 수용했다. 이것은 과학 연구가 초국적 활동이어야 한다는 과학자들 간에 퍼져 있던 견해와는 차이가 있는 것이었다.

국가의 내용과 형태에 대한 이러한 광범위한 영향들은 이해관계의 변화로 특징지을 수 있다고 결론짓는 것이 합당할 것이다. 과학에 관한 특정 관점을 내재화하는 것은 세상이 어떻게 움직이는지에 대한 인식론적 변화의 결과로 인해, 정책 목표를 근본적으로 바꾸게 한다. 새 관료들은 행위자로서 국가의 기본 조직 특성을 바꿀 수도 있으며, 집단을 대표하여 누가 결정을 내려야 하는지를 결정한다. 시간이 가면서 관료들이 어떻게 발전되는지를 기록하는 것은 또한 동어 반복의 문제를 피할 수 있게 해준다. 왜냐하면 분석가들은 국가 이익으로 설명할 수 있는 외교 정책의 동일한 결과들로부터 국가 이익을 유추하는 실수를 범하지 않기 때문이다.

피네모어는 규범의 주창자로서의 국제기구에 초점을 두고 있기 때문에 국가를 분석 단위로 선택하지 않고 정책 영역에 따른 국제기구의 역할들을 비교한다. 그녀는 전쟁에 관한 국제법에서부터 빈곤 퇴치에 이르기까지 폭넓은 사안들을 선택함으로써, 규범 확산의 메커니즘으로서 "가르침teaching"이 널리 퍼져 있다는 자신의 주장을 굳건히 한다. 피네모어의 사례들은 국제기구 내부에서의 정책 사고policy thinking의 전개를 기술하고 평가한다. 그러고 그녀는 회원국들과 회원국의 정책에 새로운 사고가 미치는 영향을 추적한다. 그녀는 국가별로 나타나는 과학 관료 제도의 설립 패턴에 있어서의 상관관계를 확인하기 위해 정책 논쟁으로부터 도출된 증거에다 집적 통계 자료aggregate data를 보완한다. 다수의 사례에서 결과로 나타나는 정책들은 국제 레짐을 강화하고, 나아가 사회화 과정을 증진시킨다.

피네모어는 또한 국가 내부의 관료들과 정책 실행자들이 국제 규범의 확산 없이는 새로운 우선순위와 절차들을 채택하지 않았을 것이라는 결론을 확고히 하기 위해 물질주의적 또는 합리주의적 가정에 근거한 대안적 주장들을 반박하기도 한다. 그녀가 주장하는 것은 분명한 물질적 보상이 없이도 세계 국가들은 국가 차원에서 과학 관료 제도를 채택했다는 것이다. 국제 개발 규범의 경우에 있어서 세계은행이 주도하기 전에 국가 지도자들은 빈곤 감소 정책에 대한 동기를 거의 갖지 못했다. 그러나 개발도상국들의 대응은 성장 중심 접근으로부터 복지 중심의 접근법으로 바뀌었다. 이들은 빈곤 퇴치 프로그램의 가치까지 들어 올렸고, 다른 국제기구들에서는 이 새로운 접근법을 목소리 높여 지지하는 주창자가 되었다. 이와 유사하게 호혜성에 근거한 도구적 주장들은 왜 국가가 전쟁 부상자들을 보호하기 위한 규칙들을 채택하는지에 대해 충분히 설명하지 못한다.

그러나 피네모어는 이슈 영역에 관해 비교하기 때문에 추가 심층 연구의 가치가 있는 국가의 본성nature of the state에 대해 가정assumption한다. 예를 들면, "과학"과 "개발"의 새로운 개념들을 받아들이는 시기를 추적하여, 이러한 아이디어가 국가 외부에서 발생했음을 보여준다. 그러나 그녀는 국가를 일관된 이익을 가진 단일 행위자로 취급해야 할지, 경쟁적 이해관계를 가지고 내부적으로 투쟁하는 관료 집단으로 보아야 할지, 하나의 집단이 다른 집단을 지배하는 국내 집단의 집합으로 보아야 할지, 아니면 국내 영역에 관한 다른 종류의 대안 개념으로 보아야 할지 문제를 해결하지 못했다.

이것은 초국적 인식 공동체와 국제기구가 가르치는 새로운 규범을 누가 받아들이는지, 즉 누가 "배우는지"를 세밀하게 들여다봄으로써 대답할 수 있는 경험적 질문이다(학습의 개념은 우리가 Ⅳ장에서 논의했던 "요구interpellation"의 과정을 보완하는 개념으로서, 청중에 관한 유사한 질문을 제기하는데, 우리는 이 청중의 개념에 대해 여기에서 다시 논하지 않을 것이다). 규범을 받아들이는 국가 간에 보다 체계적인 비교 연구를 하는 것은 국내 구성원들이 외적 "가르침"에 어떻게 대응하는지, 그리고 규범의 확산이 이러한 새로운 규범과 관행을 국가 깊숙이 내재화시키는지 여부를 결정하는 다양한 요인들을 어떻게 따져보는지 보여줄 것이다. 연구자들은 분석 수준을 이렇게 넘나듦으로써 보다 완전한 분석을 할 수 있을 것이다.

남아프리카 공화국에서의 인종 차별처럼 하나의 사안에 대해 다양한 대응을 비교하는 것은 국내 차원의 규범 확산에 대해 보다 충실하게 탐구할 수 있고, "성공"과 "실패"를 위한 국가별 조건들을 제시해 준다. 예를 들어 클로우츠 Klotz는 지도자들과 폭넓은 사회 세력들 간의 관계를 살펴보면서, 국내외 인종 규범의 양립 가능성의 차이가 짐바브웨와 미국과 같은 국가에서는 규범의 내재화를 설명해 주고, 영국과 같은 다른 국가에서는 규범에 대한 저항을 설명해 준다고 주장한다. 그녀는 국익의 변화에 있어 두 가지 경로를 구별한다. 사회 혁명은 말 그대로, 정책을 만드는 사람을 바꾸고 이들의 기본적 세계관을 극적으로 변화시킨다. 짐바브웨에서는 새로운 지배 계층의 지도자들이 1980년도에 권력을 잡았는데, 그 이전에 지배했던 로디지아 정권의 정책 우선순위를 뒤집었다. 그 결과 지역의 경제적, 군사적 불균형의 제약 속에서 남아프리카 공화국에 대한 짐바브웨의 정책이 실질적으로 변화하였다. 그러나 혁명은 매우 드문 일이며, 이해관계의 재구성에 관한 대부분의 경우를 거의 설명하지 못한다. 외교 정책 결정에 있어 보다 전형적인 점진적 변화 또한 근본적인 사고의 변화를 나타낼 수 있다. 그러나 이것을 경험적으로 보여주는 것은 더욱 어렵다.

대안적 이론 틀에 근거하여 세워진 가상 시나리오는 무엇이 덜 근본적이면서도 단순히 도구적으로 대응하는 전략적 사고가 아니라, 이해관계의 진정한 변화라고 불릴만한 것인지를 결정하기 위한 추가 수단을 제공해 준다.

예를 들어 현실주의자들이나 마르크시스트들의 설명에 반박하기 위해 클로우츠는 왜 국가가 중요한 천연 자원을 보유한 동맹국을 소외시키면서까지 인권 규범을 따르는지에 대한 질문을 제기한다. 남아프리카 공화국의 인종 차별에 대한 미국의 정책 사례는 인종 차별을 금지하는 민주주의의 확산이 즉각적으로 경제 또는 물질적 이익에 근거를 둔 고려 지점을 뛰어넘었다는 것을 보여준다. 대중이 국익을 어떻게 명료화하는지를 추적함으로써, 그녀는 언제 정부와 사회 행위자들이 인종 차별 정책에 대한 새로운 주장들을 만들어 냈으며, 언제 정책 결정가들의 선호도preference가 바뀌는지를 분석했다. 그녀의 연구는 합리주의적 틀에 근거하여 선호도의 재배열을 나타내 주는 증거가 나타날 때 이해관계의 근본적 변화가 있음을 보여준다. 동시에 클로우츠의 연구는 행위자가 중대한 (물질적) 비용을 감수하더라도 윤리적 목적을 더 중요시할 수 있다는 것을 보여줌으로써, 이기적 이익 추구라는 가정에 이의를 제기한다. 의미란 자원처럼 사고팔 수 있는 상품을 단순히 정치적으로 환원해 놓은 것이 아니다.

국제 행위자와 국내 행위자 중에 누가 더 중요한지를 주장하기보다, 클로우츠는 이들 간의 상호 작용을 기술함으로써 미국 국내의 사회 운동이 수십 년 동안 인종 차별에 반대하는 초국적 네트워크에 통합되어 왔음에도 불구하고, 어떻게 미국이 남아프리카 공화국에 대한 경제 제재에 찬성하는 시류에 뒤늦게 합류했는지를 설명하고 있다. 그녀는 개인, 사회, 그리고 국제기구가 어떻게 분석 수준 간의 다인과론적 설명에 영향을 줄 수 있는지에 대한 몇 가지 방법을 예시한다. 미국의 이해관계 선호도의 변화가 보다 넓은 세계시민운동과 연관된 활동가들에 의해 촉발된 대중의 압력으로부터 부분적으로 기인했기 때문에 초국적 비정부기구가 국가의 이해관계에 미치는 영향을 보다 심도 있게 고려할 필요가 있다는 점을 강조한다. 이는 다른 종류의 사례 선택, 즉 이해관계가 실제로 바뀌었다는 것을 기술하는 것이 아니라, 어떻게 그리고 왜 이해관계가 변화했는지를 설명해 주는 메커니즘을 보다 더 잘 분석할 수 있는 사례 선택을 필요로 한다.

2) 과정Processes

구성주의자들은 국가가 국제 체제로 사회화된다는 점에 동의할지도 모르지만, 결과보다 과정에 관심을 가지기 때문에 권력의 역동성power dynamics, 역량capability, 그리고 불균형에 관해 서로 상당히 다른 입장을 가지고 있다. 예를 들면, 피네모어는 규범의 진화에 초점을 맞춤으로써, 구조의 연속성과 의도적 변화에 관심을 기울인다. 가르침과 배움이라는 개념은 권력을 덜 중요하게 바라본다. 그러나 사회화는 담론적 불평등을 본질적으로 내포한다. 정책 결정가들이 도구적 정책 프레임에서 규범적 정책 프레임으로 변화할 수 있다는 것을 보여줌으로써, 클로우츠는 국내 및 초국적 사회 운동의 가치 지향적 활동들에 보다 큰 중요성을 부여하였다.

아들러Adler(1992)는 초강대국의 군비 통제에 관한 연구에서 행위자를 보다 더 세밀하게 파헤친다. 실제로 초국적 네트워크를 강조함으로써, 별개의 두 가지 외교 정책을 비교하는 대신 상호 작용의 단일 사례연구를 진행한다. 피네모어의 연구에서와 마찬가지로, 군비 통제를 담당하는 관료를 새롭게 만들어내거나 강화하는 것은 이러한 국가들의 이해관계(또는 선호도의 서열)가 바뀌었다는 것을 의미한다. 규범의 확산과 정책 결정에 관한 세밀한 연구를 위해 핵심 결정들이 일어난 순서를 살펴보는 것은 적절한 과정 추적 방법이다(George and Bennett, 2005).

아들러는 국익의 변화에 있어 세 가지 단계를 구별하여 제시한다. 즉 미국 내에서의 군축 아이디어의 발전, 이 아이디어의 소련으로의 확산, 그리고 마지막으로 양국에서의 군축의 제도화가 그것이다. 그는 연구의 서두에서 새로운 아이디어의 주창자로서 미국 과학 분야와 정치 분야의 지도자들의 역할을 기술하고, 그들의 상호 작용이 어떻게 대중들로 하여금 군축 인식 공동체를 생성하도록 결집시켰는지를 보여준다. 냉전이 발발했을 당시부터, 그는 새로운 군비 통제 개념의 주요 주창자들, 그들의 제도적(또는 고용주employer) 기반,

과학 공동체 내부에서의 지위, 그리고 정책 세계와의 연결을 찾아낸다. 이 군비 축소 옹호자들의 중요한 특성 중의 하나는 핵심 외교 정책 결정가들에게 접근이 가능하고, 상당한 기술 영역에서 그들의 전문성에 대한 신뢰가 있다는 것이다. 아들러는 케네디 대통령과 맥나마라 국방 장관에게 군비 통제의 필요성을 확신하게 하는 능력은 양국 간 협약에 이르는 첫 번째 단계에서 인식 공동체의 주요한 성공을 말해 주는 것이라고 주장한다.

두 번째 단계에서 외교적 접촉을 제한했던 적대적 냉전 상황이었음에도 불구하고, 군축 아이디어는 미국과 소련 간의 상호 작용을 통해 확산되었다. 두 가지 수준의 의사소통이 국경을 넘어 아이디어가 흘러 들어가는 것을 가능하게 했다. 우선 소련의 지도자들은 미국의 대중적 논쟁에서 표현된 견해들에 접근할 수 있었다. 과학자들 스스로도 국가 간 연계 역할을 수행했다. 아들러는 소련의 관료들이 어떻게 미국 과학자들의 몇몇 핵심 주장들을 거의 말 그대로 받아들였는지를 자세히 보여준다. 마지막으로 세 번째 단계에서, 미국과 소련 관료들 내부에서 이러한 군축 아이디어가 제도화되었다는 것은 새로운 협약의 우선순위에서 분명하게 나타난다.

그러나 상대적으로 대등한 초강대국 사이의 상호 작용에 초점을 두는 것은 피네모아와 클로우츠가 제시하는, 위계적 서열로 구성된 세계에 대한 분석을 대치하지는 못한다. 국제기구와 초강대국은 다른 국가들에 상당한 영향을 미치는 규칙들을 만들어 낸다. 국가는 교육, 소통, 그리고 설득의 과정들을 통해 규범을 항상 자발적으로 받아들이는 것은 아니다. 때때로 국가의 순응을 이끌어 내기 위해 강제 전술이 필요하기도 하다. 예를 들면, 피네모어는 국가가 수용할 수 있는 개발 정책을 채택하기 전까지 세계은행에서 원조 제공을 보류했다는 것을 보여준다. 남아프리카 공화국이 수십 년 동안 그랬던 것처럼, 어떤 국가들은 훨씬 더 강제적인 조치를 교묘히 피해 나간다. 바꾸어 말하자면, 행위자들이 그들의 가치를 부과하거나 주입시키려고 하기 때문에 사회화는 논쟁으로 가득 차 있다.

저항과 논쟁에 더 많은 주의를 기울이는 것은 그러지 않고는 소리 없는 순응에 가려 보이지 않을 과정들을 조명해 준다. 예를 들어 국제적 압력에 수십 년 동안 저항해온 이후에서야, 남아프리카 공화국의 지도자들은 인종 차별 관행들을 재평가했다. 인종주의 철폐에 관한 규범을 남아프리카 공화국 지도자들이 점차 수용하게 된 것을 설명하기 위해 블랙 Black(1999)은 특히 국제 스포츠 보이콧의 중요한 역할을 지적한다. 남아프리카 공화국의 국가 대표팀이 세계 선수권 대회에 참여하지 못하도록 한 것은 백인들을 그들의(흑백 혼성팀을 만들지 않는 점을 포함한) 인종주의적 관행을 이유로 처벌하는 것임과 동시에 소수 민족이 지배하는 이데올로기의 권위를 실추시키는 것이었고, 궁극적으로는 백인들의 사기를 떨어뜨리는 것이었다. 럭비가 지도자 사이에서 매우 중요한 사회화 역할을 하는 것이었기 때문에 이러한 조치들은 직접적이든 간접적이든 정치인들에게 영향을 미쳤다. 스포츠 제재가 유일하게 인종 차별 정책을 무너뜨린 것은 아니었지만, 개인적 동기와 사회적 갈망은 국가의 우선순위와 국익에 관해 광범위한 재평가가 이루어지는 데 공헌했다.

블랙과 아들러의 분석은 −국가를 고정틀로 암묵적으로 형상화하는 것을 피하기 위해− 누구의 이해관계가 위험에 처해 있는지에 대한 질문의 필요성을 강조한다. 국경 내부 또는 국경을 가로질러 살고 있는 개인과 집단들은 교차적, 보완적, 그리고 경쟁적 목표들을 가지고 있으며, 국제 레짐과 국경을 넘는 상호 작용을 통해 이러한 목표들은 또한 변화될 수 있다. 이러한 행위자들의 이해관계는 행위자로서의 국가states-as-actors의 이익과 상응되거나, 하나로 수렴되지 않을 수 있다. 개발 전문가, 인종 차별 반대 활동가, 그리고 군비 축소를 지지하는 과학자들이 존재한다는 것은 이해관계에 대한 사람들의 개념이 국경으로 둘러싸인 국가 또는 개인적 이익의 협소한 정의에 의해 제한될 필요가 없다는 점을 예시해 준다. 구성주의자들은 권익 옹호 네트워크의 원칙들과 기업의 이윤 추구에 관한 도구성을 대조시킨다. 그러나 비정부 행위자들의 본성nature은 연구의 가정이 아니라 연구의 질문이 되어야 한다. 초국적 네트워크가 한 나라에서는 이익 단체로서 활동할 수 있는 반면, 다른 나라에서는 느슨하게 조직된 사회 운동이나 정당을 통해 활동할 수 있다.

이 가능성들은 왜 그리고 어떻게, 혹은 "어떤 일반 조건 하에서" 국가와 비정부 행위자들이 그들의 이해관계를 재정의 하는지에 대해 보다 체계적으로 탐구할 필요가 있음을 강조한다. 국경을 가로질러 사회 속으로 스며들어가는 규범의 확산을 추적함으로써, 연구자들은 이러한 모든 행위자들의 이해관계를 구성하는 과정들을 보다 더 잘 이해할 수 있다. 그때서야 비로소 우리들은 이들이 서로에게 어떤 잠재적 영향을 주는지를 충분히 이해할 수 있다. 비정부 행위자들의 이해관계를 연구하기 위해서는 관료화 이상의 사회화에 대한 지표나 측정 방법이 필요하며, 이는 비공식 네트워크와 사회 운동들의 이익이 국익보다 더 유동적이기 때문이다. 그리고 비정부 행위자가 전문 인권 감시 기구나 기업과 같은 관료 조직에게 상당히 많이 의존할 때 분석가들은 이들을 구성하 집단과 개인들에 대한 분석을 심화할 필요가 있는데, 이때 이들은 국가의 국내 구성원들과는 다를 것이다.

이해관계 형성에 관한 세밀한 연구를 하기 위해 충분한 정보에 접근하는 것이 쉽지 않을 수 있다. 특히 외교 정책 영역에서 개인의 선택을 추적하는 것은 종종 비밀로 남아 있는 문서를 확보해야 가능하다. 로버트 맥나마라는 국방장관으로서 군비 통제 영역에서는 물론, 세계은행 총재로서 개발 영역에서 중요한 역할을 수행했으며, 그와 같은 정책 결정가들이 면담을 하고 자서전을 쓸 때조차도, 이들은 역사를 다시 쓰고자rewrite history 하는 강한 개인적 동기를 가질 지도 모른다. 그러나 이런 점들은 국가에만 특별하게 나타나는 문제들이 아니다. 사회 활동가들은 원칙에 부합하지 않는 행동이 세상의 주목을 받지 않도록 종종 애쓰는 반면, 기업들은 경쟁사에 도움이 될 지도 모르는 정보를 공개하지 않으려고 한다.

대안적으로 대중 담론은 정책을 위한 규범적 근거가 되기 때문에 이해관계를 명료화하기보다 유용한 증거를 제공할 수 있다. 관료화와는 달리 대중 담론은 언어를 행동으로 개념화할 수밖에 없고, 학자들로 하여금 소통의 과정을 보다 체계적으로 생각하도록 한다. 그러나 이것은 사회화 과정에서 가장 깊은 수준인 개인의 인식cognition을 드러내는 능력은 결여한다. 그러한 이유로 연구자들은 참여 관찰이나(Ⅱ장) 또는 사회 정체성 이론에 의해 가정된 개인적 동기를 근거로 세워진 예측을 시험하면서(Ⅳ장) 언어를 연구하는 것이 더 유용할 수 있다. 다음 절에서 변화의 메커니즘에 대한 이러한 경쟁적 주장들과 과정의 증거를 포착하는 적절한 방법론들을 보다 자세히 살펴볼 것이다.

2. 대조적 상호 작용Contrasting Interactions

구성주의는 행위자인 국가의 기본 본성basic nature에 변화를 줄 수 있는 폭넓은 범위의 과정들이 존재하고, 국가가 특정한 목표를 가지고 정책을 선택한다고 가정한다. 예를 들어 기술적 전문가들은 핵심 정책 결정가들을 설득하여 새로운 우선순위를 선정하거나 새로운 기관들을 설립할 수 있도록 하고, 또는 사회 운동은 정치인들의 체면을 손상시키고 유권자들을 동원하는 프레임을 사용하여 규범적 압력을 가할 수도 있다. 이들은 서로 다른 형태를 취하지만, 이러한 모든 관행들은 소통을 요구한다. 이에 대해 뮐러Müller는 "국제 정치는 뚜렷하게 언어의 형태를 가지는 행동에 의해 구성되어 있다"(2001: 161)고 결론짓는다. 몇몇 학자들에게 있어 해결되어야 할 방법론적 과제는 이해관계 형성 과정의 증거와 고정적 이해관계를 가진 행위자 간의 도구적 협상을 분별하는 것이다.

언어 행동 이론speech act theory 내부에 존재하는 논쟁(추천 도서 목록 참조)들을 반영하여, 구성주의 연구는 두 가지 방향 중 하나를 따르는 경향이 있다. 한 집단은 의사소통 행위 이론communicative action theory에 기반해 대중들의 아이디어 교환에 집중한다. 다른 집단은 이러한 교환에 상당히 불평등한 권력이 있음을 보고, 언어 게임이라고 규정한다. 이 두 접근은 행위 주체의 합리성에 대한 긴장들에 대해 고민은 하고 있지만 해결하지는 못하고 있다.

1) 의사소통 행위Communicative Action

의사소통 행위와 전략적 행위는 외교 용어상에 나타나는 두 가지 종류의 언어speech다(Müller, 2001,2004; 하버마스에 기초, 추천 도서 목록 참조). 효용의 극대화라는 합리주의 개념과 일관되게 전략적 행위는 "객체가 사물이든 사람이든 객체에 영향을 줘서 자기 이익self-interest 실현을 추구한다(Müller, 2001: 161-162)." 행위자들이 신호signaling와 주장, 그리고 보다 강제적 교섭을 통해 합의를 도출할 때, 행위자들의 선호는 고정 상태에 있다. 이는 국제 레짐 이론과 매우 유사한 접근이며, 행위자들이 상대적 이득relative gains이 아닌 절대적 이득absolute gains의 관점에서 자신의 이익을 고려할 때 협력이 왕성해진다고 말한다. 정보 교환의 제한된 의미로서 의사소통은 미래에 대한 기대를 안정화시킨다. 이익이나 선호는 사적 수준의 지식으로 남아 있다.

보다 깊은 의미로서 의사소통 행위는 공동 지식의 개발을 통한 이해를 추구하려고 한다. 논증argumentation은 여전히 "합리적"이지만, 논쟁을 통해 참여자들은 목표와 자기 이해를 재정의 할 수 있다. 그러한 도덕적 심의moral deliberation를 위한 세 가지 기준이 있다. 첫째, 행위자들은 자신들이 이해하기에 진실이라고 여겨지는 것을 말한다. 둘째, 그들은 자신들의 규범적 주장의 정당성과 타당성을 환기시킨다. 셋째, 모든 사람의 진정성을 존중함으로써, 그들은 서로를 동등하다고 받아들인다. 이해관계의 정의는 특정 공동체의 소

속에 영향을 받으며, 설득을 통해 변화가 일어난다. 아마도 의사소통 행위에 필요한 조건들이 널리 퍼지게 되면, 협력이라는 규범이 확산된다. 이러한 모든 이상적 조건들이 결여되어 있는 상황에서조차, 외교에는 도구적 합리성의 개념에 의해 충분히 포착될 수 없는 규범적 판단을 소통하는 관행이 남아 있다. 수사rhetoric는 구성적 효과를 지닌다.

아들러는 의사소통 행위 이론의 언어를 채택하지는 않지만, 이러한 특징들은 군비 통제에 관한 그의 연구에서 드러나고 있다. 인식 공동체들은 군비 경쟁에 대한 과학적 주장에 기반을 두었다고 이해하는 공동 지식을 개발한다. 그들은 새로운 무기 개발을 제한하는 것이 국제 체제를 안정화시킬 것(따라서 모두에게 보다 견고한 안보를 제공해 줄 것)이라는 자신들의 주장이 타당하다고 정부 내부의 다른 지도자들에게 설득시킬 때 이 지식을 환기시킨다. 양측 과학자들이 제공한 공동 지식을 가지고, 정책 결정가들은 서로를 동등하다고 판단하여, 서로 대면한 조약 협상장에서 직접적으로 의사소통한다. 핵 파괴로 인한 공포와 같은 안보 개념을 새롭게 정의함으로써 이해관계(그리고 아마도 정체성)를 변형시킨다. 그러고 나서 국가는 이전에는 생각하지도 못했던 군축 정책을 포함한 협정에 이르게 된다.

국가와 국가 대표자들은 항상 협상을 하기 때문에 의사소통 행위 이론은 양자간과 다자간 상황에서의 모든 종류의 사안들에 적용될 수 있으며, 성공적 협상이나 규범적으로 바람직한 결과에 이르게 하는 상황들에 관한 일반적인 결론을 제공할 수 있다. 리스와 시킨크Risse and Sikkink(1999)가 인권 행동주의를 평가할 때 제시한 바와 같이, 의사소통 행위 이론은 사회화와 같은 구성적 상호 작용의 과정들을 조명해 준다. 그리고 이러한 사회화 과정들은 전략적 적응과 같은 도구적 상호 작용과 구별될 수 있다. 여기서 말하고자 하는 것은 의사소통 행위를 위한 이상적 조건들이 지속되느냐 여부가 아니라 그러한 역동성을 관계 속에서 범주화하고 평가하는 것이 중요하다는 것이다.

그러나 이상적 조건의 목록이 경시되어서는 안 된다. 왜냐하면 이상적 조건들은 교섭을 위한 맥락, 따라서 도구적 행위가 아닌 소통적 상호 작용이 더 쉽게 일어날 수 있는 조건들의 형성에 관심을 가지기 때문이다(Müller, 2004; 401-404; Schimmelfennig, 2003 참조). 누가 의사소통을 할 자격이 있는가. 논쟁이나 합리적 주장을 하는 화자들은 "생활세계lifeworld"를 공유해야 한다. 이러한 공동의 경험, 역사, 문화, 해석 양식의 융합은 타당성 주장을 위한 근거를 제공해 준다. 국가와 비정부 행위자들은 공동체 구성원에 기반을 두고 그들의 주장을 프레임하는데, 이들은 공동체 구성원을 국가내subnational, 국가적national, 초국적transnational, 또는 세계적global 차원에서 규정할 수 있다.

분석가들은 열망하는 참여자들이 공유하는 생활세계와 관련하여 다자간 협상에서 발언권을 가지기 위해 청원하는 것을 알고 있어야 한다. 연구자들은 의사소통 행위를 위한 전제 조건의 필요성을 재통일된 독일의 지위에 관한 동서간의 협상 또는 인권이나 환경에 관한 다자간 협상에서보다, 국방, 농업, 화폐, 또는 회원 확대와 관련한 유럽 연합 회원 간의 협상에서 발견할 가능성이 더 크다. 비정부 참여자들은 국제 사법 재판소의 설립을 유도한 협상에서 그랬던 것처럼, 점점 더 지구적 생활세계에 또한 호소할 수 있다(Struett, 2005). 실제로 유엔은 비정부 행위자들이 유엔의 심의에 참여할 것을 인정함으로써, "국제 공동체의" 확장된 개념을 제도화해 왔다. 모든 행위자들이 협상 대상자로서 인정되는 것은 아니지만, 연구자들은 남아프리카 공화국이 국제 제재에 대응했던 것처럼, 협상에서 배제된 사람들도 발언권을 주장하기 위해 공동의 역사와 공유된 문화를 환기시키는 많은 증거들을 발견할 수 있다.

생활세계의 존재에 관한 이러한 논쟁들은 국제 체제를 무정부 상태라고 특징짓는 사람들과 국제 체제를 국가들의 사회라고 간주하는 사람들 간의 더 오래된 분열과 놀랄 만큼 유사하다(Bull, 1977; Dunne, 1998). 특정 규범에 관한 보편적 합의를 도출하는 것이 가능하다는 하버마스의 신념에 동의하면서, 로스Lose(2001)는 벌Bull이 제기한 국제 사회 접근법보다 더 나아가 생활세계는 국가의(또는 개인의) 이익을 초월해서 "일반적 이익general interest"을 선호한다고 제시한다. 실제로 특정 인권 규범의 보편성을 위한 주장은, 단순히 자유주의 이념의 특정 형태가 표현된 것이라고 보는 비판자들로부터 도전을 받기도 하지만, 이러한 일반 이익의 가능성에 관한 견해를 따르는 것이다(Ⅲ장 참고).

우리는 이것을 존재론적 질문이라기보다는 경험적 질문이라고 본다. 첫째, 특정 공동체의 구성원들을 구별하기 위해 연구자들은 누가 인권 규범을 포용하는지를 묻는다. 이 관점에서 정체성은 이해관계보다 먼저 존재한다. 연구자들은 협상 참여자들이 공동 가치, 경험, 그리고 규범이라는 한 편의 가치에 기반해서 호소를 하는 것인지 아니면 도구적 계산에 따라 호소하는 것인지를 관찰한다. 예를 들면 리스Risse(2000)는 성공적 의사소통 행위의 증거로서, 유엔인권위원회UNCHR 회의가 열리는 동안 독재 정권의 대응이 인권 규범을 처음엔 조롱하다가 시간이 지남에 따라 인권 규범 위반 비난에 대한 논쟁으로 바뀐다는 사실을 보여준다. 이들 독재자들이 국제 공동체의 규범을 받아들인다 하더라도, 연구자는 의사소통 상호 작용이 실제로 독재자들의 이익 명료화articulation of interests에 변화를 주었는지 여부를 여전히 평가할 필요가 있다.

누가 협상과 관련된 참여자인지, 그들이 무엇을 협상하고 왜 협상하는지를 알아낸 이후에, 연구자들은 의사소통 행위가 실제로 화자의 이해관계에 변화를 가져오는지, 아니면 단순히 정책 입장의 전략적 변화를 가져왔는지를 예측할 수 있다. 예를 들어 의사소통 상호 작용의 인과적 역할을 강조하기 위해 리스가 주장하는 것은 4대강국 협상Four Power negotiation의 특별 회의에서 고르바초프가 통일된 독일이 원하기만 한다면 NATO에 가입할 수 있다고 결정했고, 이것은 이 협상에 참석한 다른 소련 대표단의 놀라움과 경악을 불러일으켰다는 것이다. 마찬가지로, 체컬Checkel(2005)은 사회화의 다양한 메커니즘의 증거를 찾기 위해 유럽 연합 내에서 이루어진 토론에서 사용된 언어를 신중히 분석한다. 그러한 미시 수준의 과정 추적 분석은 의사소통 행위와 전략적 행위 간의 설명 차이를 분석하기 위해 협상 언어의 내용과 순서에 매우 세밀한 주의를 기울이고, 면담, 정책성명서, 각서, 회의 프로시딩 등 가능한 많은 자료들을 살펴본다. 이런 자료를 사용하는 데 있어 과정 추적과 정책 결정 조사의 주요 차이는 의사소통 행위 이론가들이 상호 작용의 과정들을 분석하려고 하는 반면, 전략적 행위 접근은 특정 정책 결과를 유도한 참여자들의 동기에 대한 증거를 찾고자 하는 것이다.

의사소통 행위 이론이 도구적 과정과 구성적 과정을 구별하기 위한 가치 있는 수단임에도 불구하고, 이 이론의 몇 가지 사항은 아직 해결되지 않은 채로 남아 있다. 전제조건으로서의 생활세계에 대한 의존은 이 접근법이 자기 민족중심주의ethnocentric라는 비판을 불러 일으키게 한다. 아마도 의사소통 행위 이론이 유럽에서 보다 쉽게 적용되기 때문에, 이 이론은 국제무대에서 참여자들이 서로를 동등하게 여기지 못하도록 하는 권력의 불균형에 주의를 기울이지 않았다. 예를 들면 식민지 역사를 경험한 다수 국가들은 원조에 대한 논의에서 또는 금리가 이들 국가의 화폐에 미치는 영향에 대한 협의에서 여전히 이차적인 협상 대상자로 남아 있다. 유럽 통합에 대한 논쟁이 제시하는 바와 같이, 유럽을 분석하는 연구자들조차 유럽 국가들의 공동 역사나 동등한 지위를 당연하게 여겨서는 안 된다(이 논쟁은 Ⅲ장에서 다루어진 불평등과 윤리에 대한 논쟁의 연장선상에 있다).

이에 대한 한 가지 대응 방안은 이러한 협상에 있어 언어 권력에 보다 많은 주의를 기울임으로써, 의사소통 행위 이론이 다양한 사회 역사적 맥락에 적용될 수 있는지 그리고 언제 행위자들이 생활세계에 대한 규범적 경계를 규정하는 능력을 가지게 되는지를 살펴보는 것이다. 언어 행위를 통한 구성적 상호 작용의 대안적 개념화로서, 언어 게임의 개념은 합리성에 관한 논의에서 벗어나 의도와 주관 사이의 긴장에 관한 논의로 우리의 관심을 다시 돌이키게 한다.

2) 언어 게임Language Games

언어 행위 이론의 두 번째 부류는 의미가 어떻게 특정 종류의 행동이 가능하거나 필요하게 하는지를 분석하기 위해, 비트겐슈타인Wittgenstein, 오스틴Austin, 그리고 설Searle(추천 도서 목록 참조)의 이론에 더 많이 의존한다. 오너프Onuf(1998)가 제시하는 것은 의사소통이 지도instructions, 지시directives, 그리고 위임commissives이라는 세 가지의 가능한 종류 중 하나에 속한다는 것이다. "나는 약속한다I promise"와 같은 말들은 규범과 기대치를 구현하는 행동이다. 다른 경우들, 예를 들면 "네가 네 무기를 증강한다면, 나도 내 무기를 증강할 것이다"와 같은 경우에 있어서, 언어는 다른 행위자의 행동에 대한 반응을 표현한다(Kratochwil, 1989). 약속과 위협은 간주간적으로 이해되기 때문에 의미를 지닌다. 언어의 수행 역할을 강조함으로써, 이 종류의 언어 행동 이론은 규범과 규칙(이 이론이 일반적으로 호환하여 사용하는 용어들)을 이익과 행위와 연결시킨다.

언어 행동 이론 분석가들은 비공개 협상이나 공개 선언에 사용하는 언어를 특정 "언어 게임"에 침윤되어 있는 움직임으로 보고, 이러한 언어 게임에서 말하고 듣는 행위자들은 그들의 말에 의미를 주는 "문법"을 인지하고 있다고 본다(Fierke, 1998; 2002). 이러한 문법은 가능한 행동의 범위를 제한하는, 게임의 특정 규칙들로 구성된 맥락들이다. 이러한 "규칙rules"은 "표상representations"과 구별된다. 언어 게임 접근은 자아와 타자를 규정하는 비유와 같이 언어적 대조에 의존하기보다, 행동의 지침으로서 "게임" 자체의 가장 근본적 은유를 포함한 은유적 언어에 의존한다(Ⅳ장 참조). 예를 들면, 냉전 담론에 관한 피어르키(1998)의 분석은 일차 공격과 이차 공격의 근거rationales를 통해, 동맹

구축, 미국과 소련 군사력의 복구, 그리고 안정 유지에 관한 반복적 주제에 관심을 기울인다. 동맹 관계나 안보 공동체 내부에서 일어나는 상호 작용을 강조하는 은유들은 세력 균형 문법balance of power grammar에 관한 은유와는 다르며, 이는 냉전이 끝날 무렵 고르바초프를 비롯한 다른 지도자들이 제시했던 "유럽 공동의 고향common European home"과 같은 말에서 나타난다. 문법적 맥락에 따라 같은 말도 다른 의미를 전달할 수 있다.

연구자들은 냉전에 관한 주류와 비판적 분석, 공식 문서 및 비정부기구 문서, 협상 프로시딩, 언론 자료, 그리고 인터뷰와 같은 일차 자료 및 이차 자료를 폭넓게 살펴봄으로써 문법을 귀납적으로 분별한다. 인과적 이야기 구조를 제시하기 위해 이와 같은 자료로부터 얻어진 행동에 관한 비유를 사용하는 역사적 서술(Ⅲ장)과 달리, 언어 행동 이론은 상호 작용에 초점을 둔다. 다른 모든 해석들과 마찬가지로, 이러한 형태의 해석은 연구자 자신에 의해 영향을 받는 것이 불가피하다. 그러나 언어 행동 이론은 문법과 규칙의 개념이 참여자들로 하여금 뿌리 깊은 역사를 서로 공유할 것을 요구하지 않기 때문에, 생활세계라는 개념보다 자기 민족 중심적 의미의 맥락을 덜 사용한다. 게임이 다방면에 걸쳐 이루어지고 교차적이기 때문에 이 이론은 홉스, 로크, 칸트의 논리에 대한 웬트의 분석에서 볼 수 있듯이, 분석적 범주로서의 문화와 문명의 유용성을 제한할 수 있는 물화reification의 위험을 피할 수 있게 해 주기도 한다.

규칙들이 비교적 안정적이고 널리 공유되어 있을 때 행위자들은 서로에게 무엇을 기대해야 하는지를 안다. 예를 들면, 정부는 군사력을 복구restore하거나 유지maintain하는 경향이 있다. 많은 방향들이 가능하다. 피어르키(1998)는 초강대국의 외교 정책에 대한 비판자들이 냉전 안보 논쟁을 하면서 해체 움직임dismantling moves에 관여하고 있었음을 간파한다. 그리고 레짐 반대자들은 사회 운동 동원에 관한 토마스Thomas(2001)의 연구를 언어 행위 어휘로 바꾸어, 구축 움직임building moves을 수행할 수 있을지도 모른다. 즉, 서유럽의 평화 활동가들과 동유럽의 인권 활동가들은 서로의 목표를 결합하여 군비 축소와 정치적 권리 존중에 대한 공동 관심을 초국적으로 표현했다. 그러나 토마스가 그의 연구에서 적용한 프레이밍의 개념은 이들 활동가들의 활동이 가능하기 위한 조건으로서 규범에 초점을 맞춘 피어르키의 맥락적 분석보다 더 많은 인과적 효과를 사회 운동에 부여했다. 그러나 근본적으로 두 학자는 같은 방향을 지적한다. 즉 어떤 움직임들이 게임의 규칙들을 변화시킨다는 것이다 (우리는 이것을 Ⅱ장에서 "체제 변화"라고 이름 붙였다).

어떤 지배적 문법에서 다른 지배적 문법으로의 이행을 이해하기 위해, 피어르키는 두 단계의 과정들을 제시한다. 그녀가 "내재적 비판" 이라고 부르는 단순히 대안적 규칙들을 제안하는 것은 게임의 규칙들에 이의를 제기한다. 그러고 나서 이러한 대안들이 새로운 규칙들이 되는지 여부는 대화dialogue가 결정한다. 이러한 대안들이 행동 양식의 규칙적 방식이 되고 이해관계에 관한 담론들이 이 대안들을 일상적 관행의 일부로 통합시킨다면(또는 그렇게 될 때), 분석가들은 이들을 새로운 규칙으로 인식하게 된다. 예를 들어 냉전을 해체한 하나의 핵심 요인은 통일 독일에 관한 4대강국의 합의였고, 이 합의는 독일이 원하는 한 NATO의 회원이 될 수 있다고 규정했었다. 이 합의는 독일을 공식적 중립 국가로 유지하고 동맹 체제에 참여시키지 않는 것이 소련의 이익에 부합한다는 일반 통념에 도전하는 것이었다.

게임의 규칙들은 "참가자player"들의 역할들을 창출해 내기 때문에 게임 규칙의 변화는 이들의 정체성과 이해관계를 변화시키기도 한다. 이러한 상호 구성적 변화는 게임의 규칙에 대한 항의를 포함한, 담론의 주요 변화에서 뚜렷하게 나타난다. 1987년의 미-소간 중거리 핵무기 폐기 협정과 같은 초강대국 군축 조약은 차후 핵무기 축적을 단순히 제한하는 것이 아니라 핵무기를 실제적으로 해제하기 위한 것이었다. 소련을 신뢰할 수 없었다는 것과 소련이 소유했던 핵무기의 파괴력을 감안할 때, 이러한 합의에 도달한 것은 무기 축소에 합의

하지 않는 것이 미국의 이해관계에 부합한다는 일반 통념과 상반되는 것이었다. 그 이후 20년 동안, 그러한 합의는 표준 절차가 되어 왔다. 한편, 소련은 바르샤바 조약 기구 가맹국을 통제하기 위해 "방역선cordon sanitaire"이 필요하다는 오랜 신념을 완화했다. 따라서 아들러의 군비 통제 분석에 나타난 인식 공동체들이 게임의 근본적 규칙들을 다시 쓰는 보다 큰 과정의 참여자가 되었고, 이들의 활동에 대한 평가는 정책 결과에 대한 범위를 넘어 상호 작용의 규칙들(그리고 그러한 과정)이 포함되도록 확장되었다.

물론 새로운 규칙들이 쟁점을 제거하거나 이해관계를 자동적으로 고정화시키는 것은 아니며, 앞으로 일어나는 상호 작용에 있어서의 게임의 수를 제한하는 것도 아니다. 피어르키는 냉전 동안 일어난 동시성과 중복성의 중요성을 강조한다. 문법을 분석하여 보여주는 것은 각각 고유 규칙들을 가진 하나 이상의 새로운 게임을 만들어 낸다. 즉 세계 경제를 관할하는 기구 내부에서 일어나는 협상과 같은 특정한 협상, 국제연맹과 국제연합과 같은 새로운 조직의 설립, 그리고 냉전의 시작과 종식과 같은 주요 변화가 그것이다. 문법과 게임은 여러 분석 수준에서 나타날 수 있다.

가능한 게임의 수가 증가하고 규칙의 비고정성instability이 확대됨에 따라, 수행 가능한 연구 프로젝트의 범위를 정하는 것이 어려워진다. 언어 행위 이론은 국제 체제의 거시적 수준에서의 변화 메커니즘에 대한 통찰력을 제시할 수 있을지라도 국제 레짐 분석에 가장 적합할 수 있다. 레짐 연구에서는 연구자들이 관련 이슈별 담론에 관한 경계를 가정할 수 있고, 그러한 환경에서 게임에 대한 언어적 접근과 합리주의적 접근 간의 상호보완성이 있다는 것은 더욱 분명해진다(피어르키Fierke와 니콜슨Nicholson, 2001; 오닐O'Neil, 1999 참조).

3. 함의Implication

이번 절에서 이제까지 언급된 연구들은 이익을 물질 자원의 추구와 동일시하는 점에 이의를 제기한다. 구성주의자들에게 있어, 이해관계는 개인과 집합체의 구성원인 사람들로 하여금 다양한 욕구need와 열망desire을 통합하도록 유도하는 구성 과정의 결과물이다. 냉전의 종식을 가져온 극적 군사적 재편성조차도 다양한 수준에서 활동하던 국가 행위자들 그리고 비정부 행위자들의 소통적, 도구적 행동을 통해 가능했던 것이지, 단순히 두 초강대국 간의 협상 결과는 아니었다. 국제 체제를 구성하는 수많은 관계와 상호 작용은 서로 중첩되어 있고, 이로 인해 (군사적) 힘의 분배를 유일한 하나의 포괄적 특징으로 기술하는 것은 불가능하다.

사람들은 권력을 추구할 수 있지만, 사람들이 추구하는 권력은 물질적 용어뿐만 아니라 사회적 용어로 정의된다. 국가는 여전히 게임(들)의 대부분의 규칙들을 제정하고, 이것은 국가가 국제무대에서 중심적인 행위자primary actor라는 것을 재확인시켜 준다. 그리고 대부분의 언어가 이러한 규칙들을 강화하는 것이기 때문에, 권력은 이러한 문법 안에 자리 잡고 있다. 그러나 다른 행위자들은 의사소통 행위 이론이 제시하듯 설득력 있는 논증을 통해, 또는 사회운동 이론이 예측하듯 파괴적 항거를 통해, 그러한 규칙들을 때때로 불안정하게 시도한다. 비정부 행위자들은 사람들이 다른 행위자와 비교해 자신들의 위상을 어떻게 인식하는지, 또 지도자가 핵무기로 인한 파괴의 윤리적 함의에 대해 어떤 견해를 가지는지에 대해 영향력을 행사할 수 있다. 이들 중 어떤 행위자들은 게임의 특정 규칙들(의제 설정)을 환기시킴으로써 정책 논쟁에서 성공적으로 협상할 수 있는 발언권을 갖기도 하는데, 이렇게 게임의 특정 규칙들을 환기시키는 것은 대안적 규칙에 대한 그들의 제안이 채택될 수 있는 장에 접근하려는 방법이다. 여기에서 연구자들은, 사회 운동, 국제기구, 그리고 다른 행위자들 간에 언어 게임이 만들어 내는 서로 다른 권력 관계들을 분석할 수 있고, 각기 다른 "공동체들"이 어떻게 그들의 이익을 명료화하고, 증진시키며, 논쟁하는지를 살펴볼 수 있다.

우리가 희망하는 바는 분석가들이 규범과 이해관계 중 어느 하나에 지나치게 의존하는 것이 아니고, 결과보다 우리가 강조해 온 과정들에 대해 보다 깊이 연구하는 것이다. 그러나 물질적 이득의 추구에 근거한 협소한 의미의 도구적 행동에 대해 우리가 회의론을 가지고 있다고 해도 의도성과 합리성에 관한 논쟁을 해결하지 못한다. 우리는 합리성의 인지적 그리고 소통적 측면들을 더 깊게 연구할 것을 구성주의자들에게 요청한다. 그러한 연구 과제는 구성주의자들과 다른 국제관계 이론가 간의 보다 심도 있는 대화를 필요로 한다. 다음 장의 결론에서 논의하겠지만, 철학뿐만 아니라 전문 영역 간의 장벽이 그러한 주제의 활발한 논쟁을 제한하고 있다.

VI
결론
Conclusions

VI

결론

Conclusions

우리는 광범위한 연구 설계를 소개함으로써 "주류mainstream" 구성주의와 "급진적 radical" 구성주의의 간극을 좁힐 수 있기를 바란다. 두 가지 구성주의 모두 광범위한 의미에서 권력의 의미를 포착하기 위해 담론적 증거와 사회 역사적 맥락을 뚜렷하게 사용한다는 주요한 유사성을 지니고 있다. 이 모든 연구들은 상호 구성이라는 존재론에 근거한 기본 가정들에서 시작되고, 사람들이 자신이 살고 있다고 인식하는 세계에 대한 지표(혹은 척도)에 기반한 논리적 주장들을 만들어내며, 대안적인 주장들을 평가한다. 가장 훌륭한 연구는 연구자들 스스로가 자신들의 경험과 가정이 이 학문적 과정의 모든 단계에 영향을 미친다는 것을 인식하는 연구다.

우리는 앞서 논의한 장들에서 연구자들을 (아마도 친숙하지 않은) 다양한 방법론에 노출시킴으로써 구조structure와 행위 주체agency의 관계에 대해 기술하고, 분석하고, 그리고 평가를 위한 전략들을 세련화하는 방법들을 제안하였다. 우리는 사회과학의 편협하거나 독선적인 관점이 적용되는 것을 바라지 않기 때문에 그 어떤 단순한 방법론적 통합을 만들 수도 없고, 그것을 기대해서도 안 된다. 실증주의자와 후기실증주의자들 사이의 철학적인 논쟁들은 사회과학이 가지는 증거의 불확실성을 포함해 정당한 근거를 가진 채 해결되지 않은 상태로 남아 있을 것이다(Hookway and Pettit, eds. 1978; Little 1991; Rosenau, 1992; Green and Shapiro, 1994). 구성주의자들은 여전히 구성 과정의 동학을 정리하는 데에 있어 해야 할 일들이 많이 있기 때문에 우리는 인식론의 전 스펙트럼에서 현상에 천착한 대화grounded dialogue가 소중한 노력이라고 생각한다. 궁극적으로 이 책을 쓴 우리의 목적은 다원론 자체를 옹호하는 것이 아니라, 세계 정치에 대한 이해를 높이는 것이다.

그러나 헬만Hellmann(2003a: 123)은 최근 열린 국제관계에서의 대화dialogue와 통합 synthesis에 관한 포럼에서 "만약 대화가 매우 좋은 방법으로 인정되고 있다면, 왜 그렇게 많은 독백이 있는가?"라고 정확히 물은 바 있다. 우리의 기본적인 대답은 학자들이 대안적 접근의 통찰력을 올바로 인식하기 위해 다른 "진영camp"에서 사용되는 어휘를 배울 필요가 있다는 것이다. 앞의 각 장들에서 이러한 유형의 노력을 시도하고 있으며, 우리는 다른 연구자들이 그들의 향후 연구에서 더욱 상세하고 정교하게 다루어 주길 희망한다. 익숙한 언어들로 바뀐 독백 듣기를 좋아하는 것만으로 진정한 대화를 이끌어낼 수 없다. 그것은 지적 개방성intellectual openness을 요구하며, 우리는 독자들에게 이를 기대하고자 한다.

우리는 이런 태도로 이 책을 읽어 온 독자들이라면 진정한 대화를 추구할 것이라 생각한다. 따라서 우리는 이번 마지막 장에서 인식론적 분열에 따라 보다 많은 대화를 가로막고 있는 장애물을 공고히 하는 연구와 출판 과정의 현상에 대해 생각해 보고자 한다. 그리고 구조와 행위자는 서로를 상호 구성한다는 모든 구성주의자의 주장에 동의하면서, 그러한 장애물들을 줄일 수 있는 몇 가지 전략적 대응과 가능한 개선 방안을 제안하려고 한다. 먼저 우리는 1장에서 제기했던 학문성scholarship 평가를 위한 기준의 문제로 돌아간다. 그 다음 모든 장들의 저변을 관통하는 학계의 관행과 동학professional dynamics에 대해서 간략하게 언급하겠다.

1. 기준의 문제The Question of Standards

구성주의 존재론은 연구자들이 해석의 정확성을 시험하는 잣대로 여기는 객관적 현실 개념을 거부하기 때문에 "반증가능성falsifiability"을 목표로 할 수 없다. 구성주의 연구자들은 하나의 해석을 다른 해석과 대비하는 것 이상을 할 수 없다. 모든 해석들이 동등하게 타당한 것은 아니다. 인식론적 정론epistemological orthodoxy이 연역적으로 제공하는 기준이 아니라, 구성주의 연구자가 활용하는 기준을 귀납적으로 조사한 결과를 바탕으로 해서, 일관된 서술이나 설명하기 위해 다양한 범위에 걸쳐 구할 수 있는 증거를 사용하는 경우를 우리는 I장에서 보여주었다. 이러한 기준은 하비Harvey와 콥Cobb이 주장하는 결론, 즉 "비록 논리가 '진리'를 찾는 우리의 역량을 필연적으로 증대시키지 않을지라도, 논리는 우리가 진실이라고 믿는 것을 정제하고, 명확히 하고, 그리고 옹호하도록 하는 힘을 가지고 있다"는 주장을 되새겨준다(2003: 147). 대안적 해석에 관한 그러한 논쟁은 학문적 대화의 기초다.

우리는 구성주의자들이 진리 주장truth claim의 타당성을 제시하는 데 문제가 없다고 주장하지 않는다. 그것이야말로 우리가 다양한 연구 수단들을 제시하고, 그 연구 수단들 간의 상충성trade-off에 관한 의견을 제시한 이유다. 특정 방법론을 선택하는 것이 필연적으로 의미하는 것은 연구자들이 선택적 증거에 의존하고 그 선택적 증거에 의해 가능한 해석의 범위가 제한이 있다는 것이다. 이러한 해석을 옹호하기 위해서는, 물론 상세함detail과 일반성generality 그 어느 쪽도 보편적 주장을 만들어 내지는 못하지만, 연구자들은 상세함보다는 일반성에 무게를 두는 것이 불가피하다. 그리고 자료 수집과 연구 설계의 정제refinement of the research design 사이에는 언제나 상호 보완적인 give-and-take 과정이 존재하기 때문에, 연구자들은 그들의 중점 주장이나 가설에 도전하는 예상치 못한 증거에 개방되어 있어야 한다.

하지만 이러한 유연하고 포괄적인 지침들은 논리와 해석에 관한 가정들을 은폐한다. 우리는 메타 이론적 고려를 완전히 무시할 수 없다. 왜냐하면 연구자들은 사회과학에 대한 (암시적 혹은 명시적) 이해와 연구자의 적합한 역할을 바탕으로 연구 질문을 만들어 내고 방법론을 선택하기 때문이다. 이론은 연구자들에게 무엇이 "적절한" 증거로 판단되는지 알려준다. 예를 들어 언어적 혹은 비언어적 텍스트의 선택은 어느 정도는 주관성, 의도성 혹은 합리성의 대안적 개념에 달려있다. 게다가 위버Weaver(1998: 694)가 유럽과 미국의 학문적 관행에 대한 비교 연구에서 지적했듯이, 각기 다른 학문적 전통은 "일관성 있는coherent" 주장의 기준이 되는 프레젠테이션의 특정한 양식을 선호한다.

참여 관찰(Ⅱ장)과 민속학(Ⅲ장)은 현실의 간주간적 성격과 지식 주장knowledge claims이 가지는 대화적 측면dialogical aspect을 가장 잘 보여준다. 어떤 연구자들은 이 두 방법론이 편견이 있다고 조롱하는 경향이 있지만, 다른 연구자들을 오히려 두 방법론을 공개적으로 사용하여 장점으로 전환시킨다. 참여 관찰과 민속학은 상당한 정도의 상호 작용을 포함하기 때문에 분석자와 분석 대상은 서로에게 영향을 미치게 된다. 이러한 방법론들은 경험적 지식을 창출해 냄으로써 연구자들이 인터뷰 방법론을 사용할 때 면담 대상자들과 잠시 동안만 대면하는 것과는 다른 수준으로 연구자를 해석에 관한 문제에 직면하게 한다. 아울러 연구자들은 해석학적 이슈에 더욱 열려 있어야 하며, 역사보다는 자서전 형식에 더 가까운 연구 결과research findings를 다루는 새로운 방식도 전향적으로 받아 들어야 한다. 그러나 참여 관찰과 민속학 방법론을 적용하려면 연구자가 살고 있는 시기에만 가능한 것이므로 역사적 환경에서 적용 가능한 범위를 제한하기도 한다. 따라서 모든 구성주의 연구에서 이 두 방법론이 최상의 수단이라는 주장을 할 수 없게 한다.

결과적으로 인식론 스펙트럼의 다른 한 쪽 끝에서의 방법론, 특히 계량적 척도를 사용하는 연구 방법은 구성주의에 반대되는 것이라고 결론지을 수도 있을 것이다. 그러나 통계학적 연구들은 특정 사례연구로는 설명할 수 없는 범위에서 관행이 어떻게 광범위하게 확산되어 있는지를 보여주는 데 효과적으로 사용되어 왔다(예를 들면 Meyer 1979; Finnemore 1993; Katzenstein, ed. 1996 편저에 나오는 몇몇 연구물들; Boli and Thomas, eds. 1999). 많은 사례들(또는 관찰observation)에 의존하는 특징을 가진 계량적 증거가 정확성이나 객관성 측면에서 더 우월한 것이 아니라는 사실을 염두에 두고 있는 한, 구성주의자들은 그들의 분석 방법을 배타적으로 제한해서는 안 된다(더욱이 좀 더 정교한 통계학적 테크닉은 기초적인 방법론 강의에서 가르치는 단순한 회귀분석으로만 제한되지 않는다). 연구자들은 통계학적 데이터를 해석할 때 사회-역사적 맥락을 세심하게 헤아리는 한, 언어의 속성이나 패턴을 기술하거나 분석하기 위해 통계적인 증거를 효과적으로 이용할 수 있다. 이는 합리성이나 다른 가정에 기반한 모델에도 똑같이 적용될 수 있다. 이들 모델은 다른 형태의 이론화와 비교해서 특별한 타당성을 갖지 않는 논리적 주장을 만들어 내는데 지침을 제공할 수 있다(Hoffmann, 2005). 실제로 모든 유형의 비교나 평가는 예상의 기준점baseline expectation을 가지고 시작하기 때문에, 그것은 해석적이고 따라서 윤리적인 함의를 가진다. 이는 계량적 연구 수단뿐만 아니라 질적 방법론을 사용할 때에도 인식되어야 한다. 우리는 연구자들이 객관성objectivity이나 보편적 진실universal truth을 주장하지 않는 한, 모든 방법들의 창의적인 응용을 장려한다.

2. 학계의 본질The Nature of the Profession

주목하지 않을 수 없는 이슈들을 다양한 관점에서 탐구하기 위해 연구 방법들을 결합시킴으로써 유익한 통찰력을 가져올 수 있지만, 그러한 연구 결과를 출판하는 것은 언제나 쉬운 일이 아니다. 예를 들어 주요 저널, 특히 International Organization은 구성주의를 현실주의와 자유주의와 함께 경계가 분명한 세 가지 패러다임 중의 하나로 보는 시각을 유지해왔다. 이 패러다임에 마르크시즘은 포함되지 않는다. 학문적 논쟁을 이렇게 프레이밍하는 것은 특정한 이론적 입장에 있는 연구자로서의 지위와 직업 안정에 관한 함의를 가지며, 미시적 수준에서의 관행이 어떻게 제도화된 힘의 불균형을 강화하는지를 보여준다. 학문적 생존(출판 혹은 소멸)을 위해 학자들은 경쟁적인 패러다임의 언어로 글을 쓰게 되고, 특정 패러다임과 자기 자신을 스스로 동일시하며, 그들의 연구에 특정 패러다임의 이름표를 붙이게 된다. 헬만은 대화의 장애물 중 하나로 "개인적 이해관계personal stake"가 중요한 작용을 한다는 것을 꼽는데, 이러한 개인적 이해관계로 인해 "우리는 서로로부터 배우는 것보다 상대 패러다임을 비판함으로써 더 많은 것을 얻는다"는 전문가 집단의 맥락professional context이 초래된다고 말한다(2003b: 147). 크라토크윌은 이러한 입장을 심리학 용어를 사용하여 "이기고자 하는 욕망, 자신의 기반을 다지고자 하는 욕망이, 문제 해결을 위한 진정한 탐색 정신보다 대부분의 시대에 있어 더 강하다는 것은 아마도 그리 놀라운 일이 아니다"라고 주장한다(2003; 125). 다시 말해 패러다임 진영camp은 연구자들에게 학문적 안보scholarly security를 제공할지도 모른다. 이러한 학계의 역학은 비록 우리가 이 책을 그러한 맥락 안에서 저술하였지만 국제관계 분야에서 "미국적" 측면에만 국한되는 것은 아니다. 크라토크윌이 주목한 것처럼, 정답은 단순히 "다양한 인용 카르텔citation cartel을 위한 출구 제공을 기능으로 하는 출판물의 홍수"를 만들어내는 것이 아니다(2003: 128). 대화를 촉진하기 위해서는 청중들의 이슈에 조율되어야 하며, 혹은 뉴만이 말한 바와 같이 누가 어떤 방식으로 불리어지는가를 의미하는 "어드레서비티addressivity"가 요구된다(2003: 138). 미국이 지배하고 있는 국제관계학 영역에서 출판을 하려고 하거나, 그 학문적 조류trajectory에 영향을 끼치려고 하는 학자들은 정치학에서 벌어지고 있는 인식론에 대한 광범위한 논쟁의 일부로서 질적 연구방법이 점점 더 주목을 끌고 있다는 사실을 인식할 필요가 있다(Monroe, ed. 2005; Yanow and Schwartz-Shea, eds. 2006). 정치학에서 국제관계학에 대한 규율 효과disciplining effect에 영향을 덜 받는 환경에 있는 연구자들은 유럽의 출판물에서 입장을 더 쉽게 표명할 수 있다. 역사적 그리고 사회학적 가정들을 일반적으로 받아들이는 행태주의자나 합리주의자의 정설을 뒤집을 필요는 없다(Weaver, 1998).

우리는 대안적 인용alternative citation을 전략적으로 사용하여 지배적 이론들에 대항할 수 있다고 믿는다. 하지만 우리는 여전히 지역에 바탕을 두고 학문적 카르텔을 분류하는 것은 경계해야 한다(Klotz, 2001). "급진적" 혹은 "비판적" 접근들은 유럽에 널리 퍼져 있는 듯하지만, "전통적" 혹은 "주류" 구성주의가 지배적인 미국에서는 그렇지 못하다(캐나다와 호주라는 주변부 출신인). 프라이스와 리우 스밋(1998)이 요구한 비판 이론과 구성주의 간의 "연결liaison"을 정교화하면서, 우리는 이 두 이론의 분열에 대한 방법론적 득과 실methodological stakes을 탐구하였고, 이러한 관심을 사회과학에 집착하는 미국 학계의 또 다른 면모라고 단순히 치부하지는 않았다. 이와 유사하게, 밀리켄Milliken(2001)과 피어르키Fierke(2001)는 언어의 "근대"와 "후기 근대" 개념화를 연결시키는 방법으로 "더 나은" 담론 분석을 평가하기 위한 기준을 제안하였다. 미국에서 학위를 취득하고 유럽에서 활동하는 그들은 지역에 바탕을 둔 단순한 분류를 받아들이지 않는다.

연구자들은 필연적으로 그들 자신의 사회적 정체성을 갖고 있으며, 우리는 그들의 학문scholarship을 시공간적 맥락으로부터 완전하게 분리해야 한다고 주장하지 않는다. 유동성과 다양성에 주의를 기울여야 한다는 Ⅳ장의 충고에 따라, 우리는 구성주의자들 간의 차이를 특징지을 때 학문적 정체성을 지나치게 고정화하는 것을 우려하고 있다. 학문적 정체성들은 경험적 연구에서 믿을 수 없을 만큼 다양한 방식으로 풀려 나온다.

3. 구성주의 내의 가교 만들기 전망

Prospects for Building Bridges within Constructivism

구성주의자들은 연구의 윤리적 차원을 피할 수 없다. 즉 구성주의 존재론의 핵심이 되는 규범, 규칙, 표상, 문화, 이념, 그리고 다른 모든 형태의 간주간적 이해는 가치중립적인 맥락에서는 분석할 수 없다(Price and Reus-Smit, 1998; Lynch, 1999a and 2006). 예를 들어 테러리즘이라는 용어의 정의는 규범적 입장에 따라 달라진다. 적어도 국제관계 학문 분야에서 테러리즘은 대부분의 경우 두려움을 유발하기 위해 폭력을 사용한다는 의미로 쓰인다. 그러한 정의는 위법 행위를 의미하고 행위자가 그러한 수단을 통해 달성하고자 하는 특정 목표의 가치를 평가절하한다. 만약 연구자들이 그러한 정의를 당연시 여긴다면, 그들은 정부 관료나 공공 비평자, 그리고 학자들이 어떻게 혹은 왜 이런 특정 의미를 만드는가에 대해 탐구하지 않을 것이다. 또한 연구자들은 불법 폭력에 호소하는 사람들의 불만이나 갈망을 심각하게 받아들이지도 않을 것이다. 일단 분석가들이 질문의 범위를 정하면, 특정 도덕적 입장이 연구 아젠다와 그에 따른 정책 처방에 배게 마련이다.

우리는 지배적 담론이 창출하는 내재적 불평등inherent inequalities을 분석가들의 연구가 어떻게 강화하거나 반대하는지 독자들이 인식하기를 당부한다. 그럼에도 불구하고 우리는 윤리적 가정이 특정한 분석 수단으로 바뀌는 것을 경계한다. 그 어떤 방법에도 높은 도덕적 지위가 부여되어서는 안 된다. 연구자는 냉전의 종말 이후 “테러리즘”(주류 정의를 따라서)이 증가하고 있는지 그리고 왜 증가하고 있는지에 대해 살펴보고자 할지도 모른다. 냉전 시대부터 현재까지의 미국의 외교 정책 결정을 살펴보면서 인과적 과정 추적 접근은 행위자 중심 관점에서 이 질문을 다룰 수 있다. 동일 연구자는 테러리즘이 어떻게 정의되고 테러리즘이라는 용어의 사용이 시간이 흐름에 따라 어떻게 진화했는지를 묻기 위해 계보학적 접근을 연구방법론으로 채택할 수 있다. 게다가 테러리스트들의 행동에 대한 정부의 이야기 관점narratives과 테러리스트라고 불리는 사람들의 이야기 관점에 대한 분석을 대비시키는 것은 행위자 중심 관점과 구조적 관점을 연결해 줄 수 있다. 끝으로 연구자는 어떻게 국가 지도자들이 테러리스트라고 불리는 사람들의 행동의 정당성을 없애는지 그리고 어떻게 폭력적 사회 집단들이 국가 행위에 도전하는지를 이해하기 위해 프레임 분석을 가지고 다른 모든 접근들을 보완할 수 있다. 이러한 것들은 테러리즘이나 다른 이슈에 대한 경험 연구를 하기 위한 공식formula이 아니라 분석 수단들 간의 상보성complementarities을 보여주는 예다. 이 책을 통해서 우리는 다양한 연구 질문을 적절히 다룰 수 있는 방법론 선택을 돕기 위해 초점을 가지고 질문을 제기하였다.

어쩌면 구성주의자들이 주로 메타이론 차원에서 서로 분열되어 있다는 사실이 아이러니하게 여겨질지도 모른다. 왜냐하면 구성주의는 보편적 지식 주장universal knowledge claim을 거부하고 맥락에 근거한 해석을 강조함으로써 본질적으로 문제 중심의 연구를 수행하는 데 잘 들어맞기 때문이다. 만약 "전통적" 구성주의에 더 가까운 연구자들이 유동적인 의미를 변수로 다루는 데 어려움이 있다는 것을 인정하고, 보다 "비판적" 구성주의에 가까운 시각을 가진 연구자들이 일반화하는 것을 인정한다면, 우리는 사회 변화의 본질과 한계를 이해하려는 노력으로 한 걸음 더 나아갈 수 있을 것이다.

| 추천 도서 |

국제관계에서 구성주의자들 사이의 논쟁은 사회 과학과 인문하에 나타나는 경향에 바탕을 두고 있고 또 그러한 경향을 반영한다. 사회 이론에서 흔히 "언어적linguistic" 혹은 "문화적cultural" 전환이라고 불리기도 하는 학제를 넘나드는 이러한 논쟁들은, 언어에 관한 20세기 논쟁에 기반을 두고 있다. 사회 과학자들은 막스 베버의 『사회 과학 방법론*Methodology of Social Science*』(1949; 초기작은 1904년에서 1917년 사이에 출간)과 『종교 사회학*Sociology of Religion*』(1963; 1922년에 처음 출간) 이래로 계속 논쟁해 오고 있다. 프레드 달마와 토마스 메카르시의『이해와 사회 탐구*Understanding and Social Inquiry*』(1977), 리처드 번스타인의 『사회·정치 이론의 재구성*The Reconstructing of Social and Political Theory*』(1976) 그리고 피터 버거와 토마스 루크만의 『현실 사회구조*The Social Construction of Reality*』(1966)와 같은 고적 연구들은 오늘날까지 여전히 유용하게 남아있다. 데이비드 힐레, 제임스 보만, 그리고 리처드 슈스터만의 『해석의 전환*The Interpretive Turn*』(1991)과 이안 헤킹의 『무엇이 사회적으로 구성되었는가?*The Social Construction of What*』(1999)는 보다 최근의 경향을 다룬다. 켄틴 스키너가 편집한 『인간 과학에서의 대통일 이론의 귀환*The Return of Grand Theory in the Human Sciences*』(1985)은 철학 분야의 주요 학자들을 많이 다루는 반면, 폴 라비노와 윌리암 설리반이 편집한 『해석학적 사회 과학*Interpretive Social Sciences: A Reader*』(1979)은 다양한 학문 분야에서 경험적 연구를 추구하는 연구자들의 관점들을 제시한다.

언어적 전환은 1940년대와 1950년대 사회 과학 전반에 걸쳐 정착되었다. 이러한 관점에서 언어는 객관적인 사실만을 반영하지 않는다. 오히려 사실과 언어 모두 간주간적 이해를 반영한다. 고전 연구물로는 러드위그 비트겐스타인의 『철학적 탐구*Philosophical Investigation*』(1958)와 피터 윈치의 『사회 과학의 개념과 철학과의 관계*The Idea of a Social Science and Its Relation to Philosophy*』(1958)와 같은 저서들이 있다. 화행 이론Speech-act에 관한 J.L.오스틴(1962)과 존 설(1969)의 연구와 더불어 그들이 남겨준 유산들은 사회적 구성의 근대적 그리고 후기 근대적 변형에서 잘 나타난다. 오스틴과 설의 영향은 위르겐 하버마스의 『의사소통 행위 이론*Theory of Communicative Action*』(1984, 1987)과 피에르 부르디외의 『언어와 상징 권력*Language and Symbolic Power*』(1991)에서뿐만 아니라 앤서니 기든스가 『사회 이론의 주요 문제들*Central Problems of Social Theory*』(1979)과 『사회 구성*The Constitution of Society*』(1989)에서 발전시킨 "구조화*structuration*" 개념에서 뚜렷하게 나타난다.

"문화적 전환"에 더 많은 영향을 받은 연구자들은 마이클 푸코에 근간을 둔다. 푸코의 『규율과 처벌*Discipline and Punish*』(1977)과 『성의 역사*History of Sexuality*』(1978, 1985)는 지식, 권력 그리고 사회 현실 사이의 관계에 주목한다. 허버트 드레이퍼스와 폴 라비노가 저술한 마이클 푸코, 『구조주의와 해석학을 넘어*Michel Foucault, Beyond Structuralism and Hermeneutics*』(1982)는 푸코의 연구가 사회 과학에 어떤 함의를 주는지를 나타내주는 고전적 연구다. 푸코의 방법론에 대한 자신의 설명과 그의 방법론에 활력을 주는 거시 역사적 관심을 살펴보기 위해서는 그라함 버첼, 콜린 골든 그리고 피터 밀러의 편저 『푸코 효과: 통치에 관한 연구*The Foucault Effect: Studies in Governmentality*』(1991)를 보기 바란다. 문화적 전환이 강한 영향을 끼친 다른 작품들에는 프레드리히 니체의 『윤리성의 계보에 관하여*On the Genealogy of Morality*』(1994), 루이스 앨서스의 『이념과 국가 권력 관계에 관한 연구*Ideology and the Ideological State Apparatuses*』(1971), 그리고 안토니오 그람시가 『옥중 수고*Prison Notebooks*』(1971)라는 저서에서 살펴본 문화와 패권에 관한 탐구가 있다.

이러한 논쟁들은 다양한 학문 수단을 통해 국제관계 대열에 들어오기 시작했다. 구성주의자들은 종종 명백하게 또는 암시적으로 역사학자들 간의 논쟁에 참여한다. 해석적 문제들을 고전적으로 보여주는 연구는 E. H. 카의 『역사란 무엇인가?*What Is History?*』(1961)이다. 윌리암 스웰의 회고작인 『사회적 역사에서 '사회'에 무슨 일이 생겼나?*Whatever Happened to the 'Social' in Social History?*』(2001)는 특히 사회적 역사에서 문화적 역사로의 이행에 집중하고 있으며, 다른 점들 중에서도 특히 계량적 연구와 해석적 연구 사이의 구분을 무너뜨리는 더욱 종합적인 접근을 위한 사례를 제시한다. 마르타 호웰과 월터 프레브니에는 『신뢰할 수 있는 근거로부터*From Reliable Sources*』(2001)라는 저서에서 역사기술의 진화라는 맥락에서 이러한 논쟁들을 다루었고, 고문서 자료와 다른 형태의 증거를 다루는 데 있어 실제적으로 유용한 지침을 제공한다. 에크하르트 푸흐Eckhardt Fuchs와 벤딕트 스터크티*Bendikt Stuchtey*는 『문화적 경계를 건너*Across Cultural Borders*』(2002)에서 이러한 논쟁들의 유럽 중심적 관점에 의문을 제기했다.

문학비평을 이용하여, 헤이든 화이트는 『형태의 내용: 서사적 담론과 역사적 표상*The Content of the Form: Narrative Discourse and Historical Repre-*

sentation』(1987)에서 역사 기술에서의 서사의 개념을 재평가한다. 서사에 관한 다른 유용한 연구로는 도날드 폴킹혼의 『서사적 앎과 인간 과학*Narrative Knowing and the Human Sciences*』(1988); 포터 아보트의 『서사에 관한 케임브리지 서론*The Cambridge Introduction to Narrative*』(2002); 그리고 『시간과 서사*Time and Narrative, Vol. 1*』(1984)를 포함한 폴 리코의 여러 연구물들이 있다. 사회 과학에 반영된 리코의 사상을 이해하기 위해서는 그가 저술한 『해석학과 인간 과학: 언어, 행동, 해석에 관한 에세이*Hermeneutics and the Human Sciences: Essays on Language, Action, and Interpretation*』(1981)를 읽어보기 바란다. 초기의 해석학적 연구는 성경 연구에 관한 것이었다; 이를 보기 위해서는 리코의 연구 이외에 안드레 라코크와 데이비드 펠라우어의 『성경적으로 생각하기: 성서 해석과 해석학 연구*Thinking Biblically: Exegetical and Hermeneutical Studies*』(1998)를 읽어 보기 바란다. 스튜어트 홀(1985)과 게이야트리 스파이바크(1987)는 이러한 논쟁에 특히 유럽 관점이 아닌 관점들을 효과적으로 첨가시켰다. 문화 연구에 관한 이들의 연구는 문화인류학에서 방법론에 관한 논쟁들, 특히 민속학 연구방법론에서 참여 관찰과 권력 간에 내재되어 있는 관계에 관한 논쟁으로 이끌었다. 클리포드 기어츠의 고전적 에세이 모음인 『문화 해석*The Interpretation of Cultures*』(1973)과 더불어, 제임스 클리포드와 조지 마르쿠스의 편저 『문화 쓰기: 시학과 민속학의 정치*Writing Culture: The Poetics and Politics of Ethnography*』(1986)를 읽어 보기를 바란다.

추천 도서나 연구 논문에 관한 짧은 목록은 이러한 논쟁들의 기저에 있는 철학적 문제들을 모두 아울러 보는 데는 분명 한계가 있을 것이다. 우리도 이 책이 존재론, 인식론, 방법론 혹은 타당성에 관한 논의에 종지부를 찍을 수 있다고 혹은 그래야 한다고 제시하는 것은 아니다. 우리는 우리의 독자들이 자신들의 연구 안건을 개발시켜 나감에 따라 여기에서 논의한 학제 간 연구물들에 대한 이해를 심화해 나가기를 희망한다.

| 참고 문헌 |

Porter, Abbott H. (2002). *The Cambridge Introduction to Narrative* New York: Cambridge University Press.

Abdelal, Rawi. (2001). *National Purpose in the World Economy: Post-Soviet States in Comparative Perspective.* Ithaca, NY: Cornell University Press.

Brooke A, Ackerly. (2000). *Political Theory and Feminist Social Criticism.* New York: Cambridge University Press.

Brooke A, Ackerly., and True, Jacqui. (2001). "Transnational Justice: The Contribution of Feminism to Critical International Relations Theory." Unpublished paper, University of Southern California (April).

Adcock, Robert., and David, Collier. (2001). Measurement Validity: A Shared Standard for Qualitative and Quantitative Research," *American Political Science Review* 95 (3): 529-546.

Adler, Emanuel. (1992). "The Emergence of Cooperation: National Epistemic Communities and the International Evolution of the Idea of Nuclear Arms Control," *International Organization* 46 (1): 101-145.

Adler, Emanuel. (1997). "Seizing the Middle Ground: Constructivism in World Politics," *European Journal of International Relations 3* (3): 319-363.

Adler, Emanuel. (2002). "Constructivism and *International Relations*," in Handbook of International Relations, ed. Walter Carlsnaes, Thomas Risse, and Beth Simmons. Newbury Park, CA: Sage.

Adler, Emanuel., and Bernstein, Steven. (2005). "Knowledge in Power: The Epistemic Construction of Global Governance," *in Power in Global Governance*, ed. Michael Barnett and Raymond Duvall. New York: Cambridge University Press.

Althusser, Louis. (1971). "Ideology and the Ideological State Apparatuses (Notes Toward an Investigation)," in *Lenin and Philosophy and Other Essays,* trans. B. Brewster. London: NewLeft Books.

Appadurai, Arjun. (1996). Modernity at Large. *Cultural Dimensions of Globalization.* Minneapolis: University of Minnesota Press.

Ashley, Richard K. (1984). "The Poverty of Neorealism." *International Organization* 38 (2): 225-286.

Austin, J. L. (1962). *How to Do Things With Words.* Cambridge, MA: Harvard University Press.

Ba, Alice., and Hoffmann, Matthew J. (2003). "Making and Remaking the World for IR 101: A Resource for Teaching Social Constructivism In Introductory Classes," *International Studies Perspectives 4* (1): 15-33.

Barkin, J. Samuel. (2003). "Realist Constructivism," *International Studies Review* 5 (3): 325-342.

Barkin, J. Samuel., and Cronin, Bruce. (1994). "The State and the Nation: Changing Norms and the Rules of Sovereignty in International Relations," *International Organization* 48 (1): 107-130.

Barnett, Michael. (1999). "Peacekeeping, Indifference, and Genocide in Rwanda," in *Cultures of Insecurity: States, Communities, and the Production of Danger,* ed. Jutta Weldes, Mark Laffey, Hugh Gusterson, and Raymond Duvall. Minneapolis: University of Minnesota Press.

Barnett, Michael. (1998). *Dialogues in Arab Politics: Negotiations in Regional Order.* New York: Columbia University Press.

Barnett, Michael. (2002). Eyewitness to a Genocide: *The United Nations and Rwanda.* Ithaca, NY: Cornell University Press.

Barnett, Michael., and Finnemore, Martha. (1999). "The Politics, Power and Pathologies of International Organization," *International Organization* 53 (4): 699-732.

Barnett, Michael., and Finnemore, Martha. (2004). Rules for the World, *International Organizations in Global Politics.* Ithaca, NY: Cornell University Press.

Beissinger, Mark. (2002). *Nationalist Mobilization and the Collapse of the Soviet State.* New York: Cambridge University Press.

Berger, Peter L., and Luckmann, Thomas. (1967). *The Social Construction of Reality.* Garden City, NY: Doubleday.

Berman, Nathaniel. (2000). "Modernism, Nationalism, and the Rhetoric of Reconstruction," in *Law and Moral Action in World Politics,* ed. Cecelia Lynch and Michael Loriaux. Minneapolis: University of Minnesota Press.

Bernstein, Richard J. (1978). *The Restructuring of Social and Political Theory.* New York: Harcourt, Brace and Jovanovich.

Biersteker, Thomas J., and Weber, Cynthia., eds. (1996). *State Sovereignty as Social Construct.* Cambridge, UK: Cambridge University Press.

Black, David R. (1999), "'Not Cricket': The Effects and Effectiveness of the Sport Boycott," in *How Sanctions Work: Lessons from South Africa,* ed. Neta C. Crawford and Audio Klotz. Basingstoke, UK: Macmillan.

Blee, Kathleen M., and Taylor, Verta. (2002). "Semi-Structured Interviewing in Social Movement Research," in *Methods of Social Movement Research*, ed. Bert Klandermans and Suzanne Staggenborg. Minneapolis: University of Minnesota Press.

Boli, John., and Thomas, George M., eds. (1999). *Constructing World Culture: International Nongovernmental Organizations since 1875*. Stanford, CA: Stanford University Press.

Bosia, Michael J. (2005). "'Assassin!' AIDS and Neoliberal Reform in France," *New Political Science* 27 (3): 291-308.

Bourdieu, Pierre. (1991). *Language and Symbolic Power*. Cambridge, MA: Harvard University Press.

Brubaker, Rogers., and Cooper, Frederick J. (2000). "Beyond Identity," *Theory and Society* 29 (1): 1-47.

Brysk, Alison. (1993). "From Above and Below: Social Movements, the International System, and Human Rights in Argentina," *Comparative Political Studies* 26 (3): 259-285.

Brysk, Alison. (2000). *From Tribal Village to Global Village: Indian Rights and International Relations in Latin America*. Stanford, CA: Stanford University Press.

Bukovansky, Malada. (1997). "American Identity and Neutral Rights from Independence to the War of 1812," *International Organization* 51(2): 209-243.

Bull, Herdley. (1977). *The Anarchical Society*. New York: Columbia University Press.

Burchell, Graham., Gordon, Colin., and Miller, Peter., eds. (1991). *The Foucault Effect: Studies in Governmentality*. Chicago: University of Chicago Press.

Campbell, David. (1998a). Writing Security: United States Foreign Policy and the Politics of Identity, revised edition. Minneapolis: University of Minnesota Press.

Campbell, David. (1998b). *National Deconstruction: Violence, Identity and Justice in Bosnia*. Minneapolis: University of Minnesota Press.

Carr, E. H. (1961). *What is history?*. New York: Knopf.

Cederman, Lars-Erik. (1997). *Emergent Actors in World Politics: How States and Nations Develop and Dissolve*. Princeton, NJ: Princeton University Press.

Cederman, Lars-Erik., and Daase, Christopher. (2003). "Endogenizing Corporate Identities: The Next Step in Constructivist IR Theory," *European Journal of International Relations* 9 (1): 5-35.

Checkel, Jeffrey T. (1997). "International Norms and Domestic Politics: Bridging the Rationalist-Constructivist Divide," *European Journal of International Relations* 3 (4): 473-495.

Checkel, Jeffrey T. (1999). "Norms, Institutions, and National Identity in Contemporary Europe," *International Studies Quarterly* 43 (1): 83-114.

Checkel, Jeffrey T. (2005). "International Institutions and Socialization in Europe: Introduction and Framework," *International Organization* 59 (4): 801-826.

Clemens, Elisabeth S., and Hughes, Martin D. (2002). "Recovering past Protest: Historical Research on Social Movements," in *Methods of Social Movement Research*, ed. Bert Klandermans and Suzanne Staggenborg. Minneapolis: University of Minnesota Press.

Clifford, James., and Marcus, George E., eds. (1986). *Writing Culture: The Poetics and Politics of Ethnography*. Berkeley: University of California Press.

Cohen, Jean L., and Arato, Andrew. (1992). *Civil Society and Political Theory*. Cambridge, MA: MIT Press.

Corn, Carol. (1987). "Sex and Death in the Rational World of Defense Intellectuals," *Signs* 12 (4): 687-718.

Cox, Robert W. (1986). "Social Forces, States, and World Orders: Beyond International Relations Theory," in *Neorealism and Its Critics*, ed. Robert O. Keohane. New York: Columbia University Press.

Cox, Robert W. (1989). "Production, the State, and Chance in World Order," in *Global Changes and Theoretical Challenges*, ed. Ernst-Otto Czempiel and James N. Rosenau. New York: Macmillan.

Cox, Robert W. (1996). *Approaches to World Order*. Cambridge: Cambridge University Press.

Dallmayr, Fred R., and McCarthy, Thomas A., eds. (1977). *Understanding and Social Inquiry*. Notre Dame, IN: University of Notre Dame.

Der Derian, James. (1987). *On Diplomacy: A Genealogy of Western Estrangement*. Oxford: Blackwell.

Di Alto, Stephanie. (2004). "Ki Ka Pono (Stand Up for Justice): Native Hawaiian-U.S. Relations, 1993-2003." Unpublished Ph. D. dissertation, University of California, Irvine.

Doty, Roxanne Lynn. (1996). *Imperial Encounter: The Politics of Representation in North-South Relations. Minneapolis*: University of Chicago Press.

Dreyfus, Hubert L., and Rabinow, Paul. (1983). Michel Foucault, Beyond Structuralism and Hermeneutics. Chicago: University of Chicago Press.

Dunn, Kevin. (2003). *Imaging the Congo: The International Relations of Identity*. New York: Palgrave McMillan.

Dunne, Timothy. (1998). *Inventing International Society: A History of the English School*. Basingstoke: McMillan.

Eickelman, Dale F. (1996). "*Trans-state Islam and Security," in Transnational Religion and Fading States*, ed. Susanne Hoeber Rudolph and James Piscatoru. Boulder, CO: Westview.

Enloe, Cynthia. (1990). *Bananas, Beaches, and Bases: Making Feminist Sense of International Politics*. Berkeley: University of California Press.

Enloe, Cynthia. (1993). *The Morning After: Sexual Politics at the End of the Cold War*. Berkeley: University of California Press.

Fearon, James. (1991). "Counterfactuals and Hypothesis Testing in Political Science," *World Politics* 43 (2): 169-196.

Fierke, K.M. (1998). *Changing Games, Changing Strategies: Critical Investigations in Security*. Manchester, UK: Manchester University Press.

Fierke, K.M. (2001). "Critical Methodology and Constructivism," In *Constructing International Relations: The Next Generation*, ed. Fierke and Knud Erik Jorgensen. Armonk, NY: M.E. Sharpe.

Fierke, K.M. (2002). "Links Across the Abyss: Language and Logic in International Relations," *International Studies* Quarterly 46 (3): 331-354.

Fierke, K.M. and Nicholson, Michael. (2001). "Divided by a Common Language Formal and Constructivist Approaches to Games," *Global Society* 15 (1): 7-25.

Finnemore, Martha. (1996). "Norms, Culture and World Politics: Insights from Sociology's Institutionalism," *International Organization* 50 (2): 325-347.

Finnemore, Martha. (1996). *National Interests in International Society*. Ithaca, NY: Cornell University Press.

Finnemore, Martha. (2003). *The Purpose of Intervention: Changing Beliefs about the Use of Force*. Ithaca, NY: Cornell University Press.

Forum. (2004). "Bridging the Gap: Toward a Realist-Constructivist Dialogue," *International Studies Review* 6 (2): 337-352.

Forum. (2006). "Moving Beyond the Agent-Structure Debate," *International Studies Review*, 8 (2): 355-381.

Foucault, Michel. (1977). *Discipline and Punish: The Birth of the Prison*. New York: Vintage.

Foucault, Michel. (1978). The History of Sexuality, Volume 1: An Introduction. New York: Vintage.

Foucault, Michel. (1985). The History of Sexuality, Volume 2: The Use of Pleasure. New York: Vintage.

Fraser, Nancy. (1989). *Unruly Practices: Power, Discourse and Gender in Contemporary Social Theory*. Minneapolis: University of Minnesota Press.

Fuchs, Eckhardt., and Stuchtey, Bendikt., eds. (2002). *Across Cultural Borders: Historiography in Global Perspective*. Lanham, MD: Rowman and Littlefield.

Gamson, William A. (1992). "The Social Psychology of Collective Action," in *Frontiers in Social Movement Theory*, ed. Aldon D. Morris and Carol McClurg Mueller. NewHaven: Yale University Press.

Geertz, Clifford. (1973). *The Interpretation of Cultures: Selected Essays*. New York: Basic Books.

Geertz, Clifford. (1979). "From the Native's Point of View: On the Nature of Anthropological Understanding," in *Interpretive Social Science: A Reader*, ed. Paul Rabinow and William Sullivan. Berkeley: University of California Press.

Geertz, Clifford. (1983). *Local Knowledge: Further Essays in Interpretive Anthropology*. New York: Basic Books.

George, Alexander L., and Bennett, Andrew. (2005). *Case Studies and Theory Development in the Social Sciences*. Cambridge, MA: MIT Press.

George, Alexander L., and Mckeown, Timothy J. (1985). "Case Studies and Theories of Organizational Decision-Making," *Advances in Information Processing in Organizations* 2: 21-58.

Giddens, Anthony. (1979). *Central Problems in Social Theory*. Berkeley: University of California Press.

Giddens, Anthony. (1986). *The Constitution of Society: Outline of the Theory of Structuration*. Berkeley: University of California Press.

Goff, Particia., and Dunn, Kevin. (2004a). "Introduction," in *Identity and Global Politics: Empirical and Theoretical Elaborations*, ed. Patricia Goff and Kevin Dunn. New York: Palgrave Macmillan.

Goff, Particia., and Dunn, Kevin. (2004b). *Identity and Global Politics: Empirical and Theoretical Elaborations*. New York: Palgrave Macmillan.

Goffman, Erving. (1974). *Frame Analysis*. New York: Harper.

Goldstein, Joshua. (2001). *War and Gender: How Gender Shapes the War System and Vice Versa*. New York: Cambridge University Press.

Gramsci, Antonio. (1971). *Selections from the Prison Notebooks*. New York: International Publishers.

Green, Donald P., and Shapiro, Ian. (1996). *Pathologies of Rational Choice Theory*. New Haven, CT: Yale University Press.

Grovogui, Siba N. (1996). *Sovereigns, Quasi Sovereigns, and Africans: Race and Self-Determination in International Law*. Minneapolis: University of Minnesota Press.

Grovogui, Siba N. (2006). *Beyond Eurocentrism and Anarchy: Memories of International Order and Institutions*. New York: Palgrave Macmillan.

Gupta, Akhil., and Ferguson, James., eds. (1997). *Anthropological Locations: Boundaries and Grounds of a Field Science*. Berkeley: University of California Press.

Gusterson, Hugh. (1998). *Nuclear Rites: A Weapons Laboratory at the End of the Cold War*. Berkeley: University of California Press.

Guzzini, Stefano. (2000). "A Reconstruction of Constructivism in International Relations," *European Journal of international Relations* 6 (2): 147-182.

Haas, Peter M., ed. (1992). "Knowledge, Power and International Policy Coordination," special issue of *international Organization* 46 (1).

Habermas, Jurgen. (1985). *Theory of Communicative Action, Vol. I: Reason and The Rationalization of Society*, trans. Thomas McCarthy. Boston: Beacon Press.

Habermas, Jurgen. (1985). *Theory of Communicative Action, Vol. II: Lifeworld and System: A Critique of Functionalist Reason*, trans. Thomas McCarthy. Boston: Beacon Press.

Hacking, Ian. (1999). *The Social Construction of What?*. Cambridge, MA: Harvard University Press.

Hall, Rodney Bruce. (1997). "Moral Authority as a Power Resource," *International Organization* 51 (4): 591-622.

Hall, Stuart. (1985). "Signification, Representation, Ideology: Althusser and the Post-Structuralist Debates," *Critical Studies in Mass Communication* 2 (2): 91-114.

Halttunen, Karen. (1999). "Cultural History and the Challenge of Narrativity," in Beyond the Cultural Turn, ed. Victoria E. Bonnell and LynnHunt. Berkeley: University of California Press.

Harvey, Frank., and Cobb, Joel. (2003). "Multiple Dialogues Layered Syntheses, and the Limits of Expansive Cumulation," *International Studies Review* 5 (1): 144-147.

Hasenclever, Andreas, Peter Mayer, and Volker Rittberger (1997). *Theories of International Regimes*. Cambridge, UK: Cambridge University Press.

Haynes, Jeffrey. (1997). *Democracy and Civil Society in the Third World: Politics and New Political Movements*. Cambridge, UK: Polity.

Hellmann, Gunther. (2003a). "Are Dialogue and Synthesis Possible in International Relations? Editor's Note," *International Studies Review* 5 (1): 123.

Hellmann, Gunther. (2003b). "In Conclusion: Dialogue and Synthesis in Individual Scholarship and Collective Inquiry," *International Studies Review* 5 (1): 147-130.

Hiley, David R., Bonham, James F., and Shusterman, Richard., eds. (1991). *The Interpretive Turn: Philosophy, Science, Culture*. Ithaca, NY: Cornell University Press.

Hoffman, Matthew. (2005). *Ozone Depletion and Climate Change: Constructing a Global Response*. Albany: State University of New York Press.

Hookway, Christopher., and Pettit, Philip., eds. (1978). *Action and Interpretation: Studies in the Philosophy of the Social Sciences*. Cambridge, UK: Cambridge University Press.

Hooper, Charlotte. (2001). *Manly States: Masculinities, International Relations, and Gender Politics*. New York: Columbia University Press.

Hopf, Ted. (1998). "The Promise of Constructivism in International Relations Theory," International Security 23 (1): 171-200.

Hopf, Ted. (2002). *Social Construction of International Politics: Identities and Foreign Policies, Moscow, 1955 and 1999*. Ithaca, NY: Cornell University Press.

Howell, Martha., and Prevenier, Walter. (2001). *From Reliable Sources: An Introduction to Historical Methods*. Ithaca, NY: Cornell University Press.

Ishay, Micheline. (1995). *Internationalism and Its Betrayal*. Minneapolis: University of Minneapolis Press.

Jackson, Robert H. (1993). *Quasi-Sates: Sovereignty, International Relations, and the Third World*. Cambridge, UK: Cambridge University Press.

Jepperson, Ronald L., Wendt, Alexander., and Katzenstein, Peter J. (1996). "Norms, Identity, and Culture in *National Security," in The Cultureor National Security: Norms and Identity in World Politics*, ed Peter J. Katzenstein. New York: Columbia University Press.

Johnson, Hank. (2002). "Verification and Proof in Frame and Discourse Analysis," in *Methods of Social Movement Research*, ed. Bert Klandermans and Suzanne Staggenborg. Minneapolis: University of Minnesota Press.

Kaldor, Mary. (2003). *Global Civil Society: An Answer to War*. New York: Oxford University Press.

Katzenstein, Peter J., ed. (1996). *The Culture of National Security: Norms and Identity in World Politics.* New York: Columbia University Press.

Katzenstein, Peter J., Keohane, Robert O., and Krasner, Stephen D. (1998). "International Organization and the Study of World Politics," International Organization 52 (4): 645-685.

Keane, John. (1998). *Civil Society: Old images,* New Visions. Stanford, CA: Stanford University Press.

Keck, Margaret E., and Sikkink, Kathryn. (1998). *Activists beyond borders: Advocacy Networks in International Politics.* Ithaca, NY: Cornell University Press.

Kinsella, Helen. (2005). "Securing the Civilian: Sex and Gender in the Laws of War," in *Power in Global Governance,* ed. Michael Barnett and Raymond Duvall. NewYork: Cambridge University Press.

Klotz, Audie. (1995). *Norms in International Relations: The Struggle against Apartheid.* Ithaca, NY: Cornell University Press.

Klotz, Audie. (2001). "Can We Speak a Common Constructivist Language?" *in Constructing International Relations*: The Next Generation, ed. Karin M. Fierke and Knud Erik Jorgensen. Armonk, NY: M.E.Sharpe.

Klotz, Audie. (2006). "State Identity in South African Foreign Policy," in *Full Flight: South African Foreign Policy After Apartheid,* ed. Walter Carlsnaes and Philip Nel. Midrand, South Africa: Institute for Global Dialogue.

Knopf, Jeffrey. (1998). *Domestic Society and International Cooperation: The Impact of Protest on US Arms Control Policy.* New York: Cambridge University Press.

Koslowski, Rey. (2000). *Migrants and Citizens: Demographic Change in the European State System.* Ithaca, NY: Cornell University Press.

Kratochwil, Friedrich. (1989). *Rules, Norms, and Decisions: On the Conditions of Practical and Legal Reasoning in International Relations and Domestic Affairs.* Cambridge, UK: Cambridge University Press.

Kratochwil, Friedrich. (2003). "The Monologue of 'Science'," *International Studies Review* 5 (1): 124-128.

Kratochwil, Friedrich V., and Ruggie, John G. (1986). "International Organization: A State of Art on the Art of State," *International Organization* 40 (4): 753-775.

LaCocque, Andre., and Pellaur, David. (1998). Thinking Biblically: *Exegetical and Hermeneutical Studies.* Chicago: University of Chicago Press.

Laffey, Mark., and Weldes, Jutta. (2005). "Policing and Global Governance," *in Power in Global Governance*, ed. Michael Barnett and Raymond Duvall. New York: Cambridge University Press.

Larson, Deborah Welch., and Shevchenko, Alexei. (2003). "Shortcut to Greatness: The New Thinking and the Revolution in Soviet Foreign Policy," *International Organization* 57 (1): 77-109.

Latham, Robert. (1997). *The Liberal Moment: Modernity, Security, and the Making of Post war International Order.* New York: Columbia University Press.

Latour, Bruno. (1993). *We Have Never Been Modern.* Cambridge, MA: Harvard University Press.

Lebow, Richard Ned. (2003). *The Tragic Vision of Politics: Ethics, Interests, and Orders.* Cambridge and New York: Cambridge University Press.

Lichterman, Paul. (2002). "Seeing Structure Happen: Theory-Driven Participant Observation," in *Methods Social Movement Research*, ed. Bert Klandermans and Suzanne Staggenborg. Minneapolis: University of Minnesota Press.

Ling, L.H.M. (2002). *Postcolonial International Relations: Conquest and Desire between Asia and the West.* New York: Palgrave.

Little, Daniel. (1990). *Varieties of Social Explanation: An Introduction to the Philosophy of Social Science. Boulder, CO: Westwiew.*

Locher, Birgit., and Prügl, Elizabeth. (2001). "Feminism: Constructivism's Other Pedigree," in *Constructing International Relations: The Next Generation*, ed. Karin M. Fierke and Knud Erik Jorgensen. Armonk, NY: M.E. Sharpe.

Lustick, Ian. (1996). "History, Historiography, and Political Science: Multiple Historical Records and the Problem of Selection Bias," *American Political Science Review* 90 (3): 605-618.

Lynch, Cecilia. (1999a). Beyond Appeasement: *Interpreting Interwar Peace Movements in the World Politics.* Ithaca, NY: Cornell University Press.

Lynch, Cecilia. (1999b). "The Promise and Problems of Internationalism," *Global Governance* 5: 83-101.

Lynch, Cecilia. (2006). "Critical Interpretation and Interwar peace Movements: Challenging Dominant Narratives," in *Interpretation and Method: Empirical Research Methods and the Interpretive Turn*, ed. Dvora Yanow and Peregrine Schwartz-Shea. Armonk, NY: M. E. Sharpe.

Mahoney, James., and Rueschemeyer, Dietrich., eds. (2003). *Comparative Historical Analysis in the Social Sciences.* New York: Cambridge University Press.

Meyer, David S. (1990). *A Winter of Discontent: The Nuclear Freeze and American Politics.* New York: Praeger.

Meyer, John. (1979). *National Development and the World System: Educational, Economic, and Political Change 1950-1970*. Chicago: University of Chicago Press.

Milliken, Jennifer. (1999). "The Study of Discourse in International Relations : A Critique of Research and Methods," *European Journal of International Relations* 5 (2): 225-254.

Milliken, Jennifer. (2001). "Discourse Study: Bringing Rigor to Critical Theory," Karin M. Fierke and Knud Erik Jorgensen, eds, in Constructing International Relations: *The Next Generation*, Armonk and London: M.E. Sharpe.

Monroe, Kristen., ed. (2005). *Perestroika! The Raucous Rebellion in Political Science*. New Haven, CT: Yale University Press.

Monroe, Kristen Renwick., Hankin, James., and Renee Bukovchik Van Vechten. (2000). "The Psychological Foundations of Identity Politics," *Annual Review of Political Science*, 3: 419-447.

Müller, Harald. (2001). "International Relations as Communicative Action," in *Constructing International Relations*: The Next Generation, ed. Karin M. Fierke and Knud Erik Jorgensen. Armonk, NY: M. E. Sharpe.

Müller, Harald. (2004). "Arguing, Bargaining, and All That: Communicative Action, Rationalist Theory, and the Logic of Appropriateness," *European Journal of International Relations* 10 (3): 396-435.

Muppidi, Himadeep. (2005). "Colonial and Postcolonial Global Governance, "in *Power in Global Governance*, ed. Michael Barnett and Raymond Duvall. New York: Cambridge University Press.

Neumann, Iver B. (1996). *Russian and the Idea of Europe: A Study in Identity and International Relations*. London: Routledge.

Neumann, Iver B. (2003). "International Relations as Emergent Bakhtinian Dialogue," *International Studies Review* 5 (1): 137-140.

Neumann, Iver B. (2004). "Deep Structure, Free-Floating Signifier,or Something in Between? Europe's Alterity in Putin's Russia," in *Identity and Global Politics: Empirical and Theoretical Elaborations*, ed. Patricia Goff and Kevin Dunn. New York: Palgrave Macmillan.

Nietzsche, Friedrich. (1994). *On the Genealogy of Morality*. Cambridge, UK: Cambridge University Press.

Odell, John. (2001). "Case Study Methods in International Political Economy," *International Studies Perspectives* 2 (2): 161-176.

O'Neill, Barry. (2001). *Honor, Symbols, and War*, Ann Arbor: University of Michigan Press.

Onuf, Nicholas. (1989). *World of Our Making: Rules and Rule in Social Theory and International Relations. Columbia*: University of South Carolina Press.

Onuf, Nicholas. (1998). "Constructivism: A User's Manual," in *International Relations in a Constructed World*, ed. Vendulka Kuballkova, Nicholas Onuf, and Paul Kowert. Armonk, NY: M.E. Sharpe.

Patterson, Molly., and Monroe, Kristen Renwick. (1998). "Narrative in Political Science," *Annual Review of Political Science*, 1: 315-331.

Peterson, V. Spike. (2003). *A Critical Rewriting of Global Political Economy: Integrating Reproductive, Productive, and Virtual Economies*. New York: Routledge.

V. Spike, Peterson., and Runyan, Anne Sisson. (1999). *Global Gender Issues*, 2nd ed. Boulder, CO: Westview.

Philpott, Daniel. (2001). *Revolutions in Sovereignty: How ideas Shaped Modern International Relations*. Princeton, NJ: Princeton University Press.

Pierson, Paul. (2004). *Politics in Time: History, Institutions, and Social Analysis*. Princeton, NJ: Princeton University Press.

Polanyi, Karl. (1971). *The Great Transformation*. New York: Farrar and Rinehart.

Polkinghorne, Donald. (1988). *Narrative knowing and the HumanSciences*. Albany: State University of New York Press.

Price, Richard. (1995). "A Genealogy of the Chemical Weapons Taboo," *International Organization* 49 (1): 73-103.

Price, Richard., and Reus-Smit, Christian. (1998). "Dangerous Liaisons? Critical International Theory and Constructivism," *European Journal of International Relations* 4 (3): 259-294.

Prügl, Elisabeth. (1999). The Global Construction of Gender: *Home-Based Work in the Political Economy of the 20th Century*. New York: Columbia University Press.

Rabinow, Paul., and Sullivan, William M., eds. (1979). *Interpretive Social Sciences: A Reader*. Berkeley: University of California Press.

Rae, Heather. (2002). *State Identities and the Homogenization of Peoples*. New York: Cambridge University Press.

Ragin, Charles. (1994). *Constructing Social Research: The Unity and Diversity of Method*. Thousand Oaks, CA: Pine Forge Press.

Reinharz, Shulamit. (1992). *Feminist Methods in Social Research*. New York: Oxford University Press.

Reus-Smit, Christian. (1999). *The Moral Purpose of the State: Culture, Social Identity, and Institutional Rationality in International Relations*. Princeton, NJ: Princeton University Press.

Ricoeur, Paul. (1981). hermeneutics and the Human Sciences: Essays on Language, Action, and interpretation. New York: Cambridge University Press.

Ricoeur, Paul. (1984). *Time and Narrative, Vol. 1*. Chicago: University of Chicago Press.

Risse, Thomas. (2000). "'Let's Argue!' Communicative Action in World Politics," *International Organization* 54 (1): 1-39.

Risse, Thomas. (2002). "Constructivism and International Institutions: Toward Conversations Across Paradigms," in *Political Science: The State of the Discipline*, ed. Ira Katznelson and Helen Milner. New York: Norton.

Risse, Thomas., and Sikkink, Kathryn. (1999). "The Socialization of Human Rights Norms into Domestic Practices: Introduction," in *The Power of Human Rights: International Norms and Domestic Changes*, ed. Thomas Risse, Stephen C. Ropp, and Kathryn Sikkink. Cambridge, UK: Cambridge University Press.

Robinson, Fiona. (1999). *Globalizing Care: Ethics, Feminist Theory, and International Relations*. Boulder, CO: Westview.

Rochon, Thomas R. (2000). Culture Moves: Ideas, Activism and Changing Values. Princeton, NJ: Princeton University Press.

Rosenau, Pauline Marie. (1991). *Post-Modernism and the Social Sciences: Insights, Inroads, and Intrusions*. Princeton: Princeton University Press.

Rudolph, Suanne Hoeber. (2005). "The Imperialism of Categories: Situating Knowledge in a Globalizing World," *Perspectives on Politics* 3 (1 March): 5-14.

Ruggie, John Gerard. (1982). "International Regimes, Transactions, and Change: Embedded Liberalism in the Postwar Economic Order," *International Organization* 36 (2): 379-415.

Ruggie, John Gerard. (1983). "Continuity and Transformation in the World Polity: Towards a Neorealist Synthesis," *World Politics* 35 (2): 261-285.

Ruggie, John Gerard. (1993). "Territoriality and Beyond: Problematizing Modernity in International Relations," *International Organization* 47 (1): 139-174.

Ruggie, John Gerard. (1998). *Constructing the World Polity*. New York: Routledge.

Rupert, Mark. (1995). Producing Hegemony: The Politics of Mass Production and American Global Power. New York: Cambridge University Press.

Rupert, Mark. (2000). *Ideologies of Globalization: Contending Visions of a New World Order.* New York: Routledge.

Rupert, Mark. (2005). "Class Powers and the Politics of Global Governance," in *Power in Global Governance*, ed. Michael Barnett and Raymond Duvall. New York: Cambridge University Press.

Said, Edward. (1978). *Orientalism.* New York: Vintage.

Salvatore, Armando., and Levine, Mark., eds. (2005). *Religion, Social Practice, and Contested Hegemonies: Reconstructing the Public Sphere in Muslim Majority Societies.* New York: Palgrave Macmillan.

Sandoval, Chela. (2000). *Methodology of the Oppressed.* Minneapolis: University of Minnesota Press.

Schimmelfennig, Frank. (2004). *The EU, NATO and the Integration of Europe.* New York: Cambridge University Press.

Schmitz, Hans Peter. (2006). *Transnational Mobilization and Domestic Regime Change: Africain Comparative Perspective.* New York: Palgrave Macmillan.

Schön, Donald., and Rein, Martin. (1994). *Frame Reflection: Toward the Resolution of Intractable Policy Controversies.* New York: Basic Books.

Scott, James. (1992). *Domination and the Arts of Resistance: Hidden Transcripts.* New Haven, CT: Yale University Press.

Searle, John. (1970). *Speech Acts: An Essay in the Philosophy of Language.* Cambridge, UK: Cambridge University Press.

Sewell, William H., Jr. (2001). "Whatever Happened to the 'Social' in Social History?" in *Schools of Thought: Twenty-five Years of Interpretive Social Science*, ed. Joan W. Scott and Debra Keates Princeton, NJ: Princeton University Press.

Skinner, Quentin., ed. (1985). *The Return if Grand Theory in the Human Sciences.* New York: Cambridge University Press.

Snow, David A., and Benford, Robert D. (1988). "Ideology, Frame Resonance, and Participant Mobilization," in *International Social Movement Research*, Vol. 1, *From Structure to Action: Comparing Social Movement Research Across Cultures*, ed. Bert Klandermans, Hanspeter Kriesi, and Sidney Tarrow. Greenwich, CT: JAI Press.

Spivak, Gayatri chakravorty. (1988). *In Other Worlds: Essays in Cultural Politics.* New York: Methuen.

Struett, Michael. (2008). "The Politics of Constructing the International Criminal Court." Unpublished Ph. D. dissertation, University of California, Irvine.

Suganami, Hidemi. (1999). "Agents, Structures, Narratives," *European Journal of International Relations* 5 (3): 365-386.

Sylvester, Christine. (1994). *Feminist Theory and International Relations in a Postmodern Era.* Cambridge, UK: Cambridge University Press.

Taylor, Charles. (2001). "Modernity and Identity," in *Schools of Thought: Twenty-Five Years of Interpretive Social Science*, ed. Joan W. Scott and Debra Keats. Princeton, NJ: Princeton University Press.

Tetlock, Philip and Aaron Belkin. (1996). *Counterfactual Thought Experiments in World Politics: Logical, Methodological, and Psychological Perspectives.* Princeton, NJ: Princeton University Press.

Thomas, Daniel C. (2001). *The Helsinki Effect: International Norms, Human Rights, and the Demise of Communism.* Princeton, NJ: Princeton University Press.

Tickner, J. Ann. (1992). *Gender in International Relations: Feminist Perspectives on Achieving Global Security.* New York: Columbia University Press.

Tickner, J. Ann. (2001). *Gendering World Politics: Issues and Approaches in the Post-ColdWar Era.* New York: Columbia University Press.

Tilly, Charles. (1989). *Big Structures, Large Processes, Huge Comparisons.* New York: Russell Sage Foundation.

Todorov, Tzvetan. (1982). *The Conquest of America: The Question of the Other.* New York: Harper and Row.

True, Jacqui. (2003). *Gender, Globalization, and Postsocialism: the Czech Republic after Communism.* New York: Columbia University Press.

Waever, Ole. (1998). "The Sociology of Not So International Discipline: American and European Developments in International Relations," *International Organization* 52 (4): 687-727.

Walker, R.B.J. (1992). *Inside/Outside: International Relations as Political Theory.* Cambridge, UK: Cambridge University Press.

Wapner, Paul. (1996). *Environmental Activism and World Civic Politics.* Albany: State University of New York Press.

Weber, Cynthia. (1995). *Simulating Sovereignty: Intervention, the State and Symbolic Exchange.* Cambridge: Cambridge University Press.

Weber, Max. (1949). *Methodology of the Social Science*, trans. And ed. Edward A. Shils and Henry A. Finch. Glencoe, IL: FreePress.

Weber, Max. (1993). *The Sociology of Religion.* Boston: Beacon Press.

Weldes, Jutta. (1999). *Constructing National Interests: The United States and the Cuban Missile Crisis.* Minneapolis: University of Minnesota Press.

Weldes, Jutta., Laffey, Mark., Gusterson, Hugh., and Duvall, Raymond., eds. (1999). *Cultures of Insecurity: States, Communities, and the Production of Danger.* Minneapolis: University of Minnesota Press.

Wendt, Alexander. (1987). "The Agent-Structure Problem in International Relations Theory," *International Organization* 41 (3): 335-370.

Wendt, Alezander. (1999). *Social Theory of International Relations.* cambridge, UK: Cambridge University Press.

Wendt, Alexander., and Duvall, Raymond. (1989). "Institutions and International Order," in Global Changes and Theoretical Challenges, ed. Ernst-Otto Czempiel and James N. Rosenau. New York: Macmillan.

White, Hayden. (1990). *The Content of the Form: Narrative Discourse and Historical Representation.* Baltimore, MD: Johns Hopkins University Press.

Wiarda, Howard J. (2003). *Civil Society: The American Model and Third World Development.* Boulder, CO: Westview.

Wiener, Antje. (1998). *"European" Citizenship Practice: Building Institutions of a Non-State. Boulder,* CO: Westview.

Wilmer, Franke. (2002). *The Social Construction of Man, the State, and War: Identity, Conflict, and Violence in the Former Yugoslavia.* New York: Routledge.

Winch, Peter. (1958). *The Idea of a Social Science and Its Relation to Philosophy.* London: Routledge and Paul.

Wittgenstein, Ludwig. (1953). *Philosophical Investigations.* Oxford: Blackwell.

Wolfers, Arnold. (1962). Discord and Collaboration: *Essays on International Politics.* Baltimore, MD: Johns Hopkins University Press.

Yanow, Dvora., and Schwartz-Shea, Peregrine. eds. (2006). *Interpretation and Method: Empirical Research Methods and the Interpretive Turn.* Armonk, NY: M.E. Sharpe.

| 찾아보기 |

* ⓒ참은 참고 용어, ⓒ정은 용어의 정의, ⓒ유는 유의어, ⓒ비는 비교 용어를 나타냅니다.

ㄱ

간주간성Intersubjectivity 24, 27-29, 30

(참) 규범Norms; 규칙Rules

개념Concepts 5-6, 12-13, 21-23, 25, 27, 29-30, 33-35, 37-40, 43-46, 54-58, 60, 62, 64, 66, 72, 75, 83, 87, 90, 97-99, 103-104, 109-110, 115, 117, 120, 126-133, 140, 144, 147, 149, 152-156, 158-159, 169-170, 177-178

개념화conceptualization 5, 6, 26, 31, 34, 39, 54, 73, 80, 95, 122, 134, 141, 151, 156, 173

개요(도식)Schema(ta) 47

(참) 프레이밍Framing; 사회심리학Social psychology

거시 역사Macro-history 65, 177

(참) 비교Comparison

경로 의존성path dependence

(유) 과정 추적Process tracing

계급Class 26, 56-57, 63-64, 80, 82, 95, 101, 104, 111, 116, 120, 124

(참) 정체성Identity

고프 패트리시아Goff, Patricia 9,119,130

공적 영역Public sphere 83

공산주의Communism 31, 52, 87, 93, 95, 127, 133

(유) Cold War

과정 추적Process tracing 47, 147, 156, 175

경로 의존성path dependence 131, 133

순서법sequencing 57, 110, 131, 135

㉶ 계보학, 계보학적 접근Genealogy

관료주의Bureaucracy 45-46

㉲ 규칙Rule(s); 구조Structure

관세 및 무역에 관한 일반협정GATT. 60

㉲ 세계무역기구World Trade Organization

관습Practice(s) 21, 27, 83, 88

㉶ 30

구성주의Constructivism 5-6, 10, 21-27, 30, 32, 36, 38, 41, 45-47, 52-55, 58, 61, 73-74, 79, 88, 94, 96, 98, 99, 102, 110, 131, 134-135, 142, 151-153, 167, 169-170, 172-175

㉶ 21-26

㉶ 인식론Epistemology; 방법론Methodology; 존재론Ontology; 타당성Validity

구스터슨, 휴Gusterson, Hugh 86

구조Structure 6, 12-13, 22, 25-28, 32-33, 35, 37, 46-47, 51-59, 62, 65-66, 68, 72-74, 79-82, 84, 87, 96, 98-92, 102-103, 109-111, 116-118, 120-121, 125, 132, 141, 147, 158, 167-168, 175

구성적 영향constitutive effects 68, 70, 103, 142

㉶ 28, 51

규제적 영향regulative effects 68, 70

㉶ 존재론Ontology; 레짐Regime

국제연맹League of Nations 160

국제연합United Nations 60, 142, 160

인권위원회Human Rights Commission 155

유네스코UNESCO 142

국제법International law 27, 35, 54-55, 65, 112-113, 143

㉶ 레짐Regimes

국제통화기금International Monetary Fund 29, 61, 85

㉶ 세계화Globalization; 레짐Regimes

군비 통제Arms control. 147-148, 150, 153, 160

㈜ 레짐Regimes

권력Power 27, 30-31, 34-35, 41, 46, 51-52, 55-56, 58-59, 61-63, 67-68, 85, 87-88, 94-95, 98-99, 102, 104, 114-115, 124, 145, 147, 152, 156, 161-162, 167, 178-179

패권hegemony 56, 61-63, 66, 178

권익 옹호 네트워크Advocacy networks. 102, 149

㈜ 초국적 행위자Transnational actors

규범Norms 27-28, 30, 33-35, 39, 40-41, 46, 52, 60-61, 66-68, 74, 93, 96-97, 100-102, 111-115, 119, 121, 141-158, 162, 174

㉧ 인권Human Rights

규칙Rule(s) 27-28, 30, 33-35, 39, 40-41, 46, 52, 60-61, 66-68, 74, 93, 96-97, 100-102, 111-115, 119, 121, 141-158, 162, 174

㉧ 언어행위Speech acts

그람시, 안토니오Gramsci, Antonio 62-63, 178

㈜ 마르크시즘Marxism

그로보기, 시바Grovogui, Siba 9, 55, 112

기어츠, 클리포드Geertz, Clifford 96, 179

기업Corporations 30, 80, 85, 95, 97, 150

㈜ 초국적 행위자Transnational actors.

ㄴ

남아프리카 공화국South Africa 33, 100, 145-146, 148-149, 154

내용 분석content analysis 89, 91

㉧ 프레이밍Framing

냉전Cold War 21, 30-31, 34, 51, 62, 85, 90, 95, 114, 116-117, 123, 126, 139, 147-148, 157-161, 174

뉴만, 아이버Neumann, Iver 116-117, 127, 129, 131, 133-134

ㄷ

담론Discourse 30-32, 35, 38, 39, 41-42, 51-52, 60, 63-71, 74, 79-81, 87-91, 93-94, 97-100, 103-104, 110, 114-115, 117, 119-125, 127-130, 132-134, 147, 151, 157, 159-160, 167, 173-174, 178

㉚ 30

㊟ 프레이밍Framing; 계보학, 계보학적 접근Genealogy ;
언어 게임Language games; 권력Power

대화Dialogue 13, 47, 58, 68, 71, 95-96, 101, 118, 159, 162, 168, 170, 172

㊟ 의사소통 행위 이론Communicative action theory

더 드리안, 제임스Der Derian, James 54, 60, 64

던, 케빈Dunn, Kevin 119, 128

도티, 록세인Doty, Roxanne Lynn 9

㊒ 사이드 에드워드Said, Edward

동어 반복Tautology 120, 143

ㄹ

라덤, 로버트 Latham, Robert 62

라슨, 데보라 웰치Larson, Deborah Welch 9, 126-128, 131, 133

라페이, 마크Laffey, Mark 64

래, 헤더Rae, Heather 112-113

러기, 존 제라드Ruggie, John Gerard 60-61

러시아Russia

㊒ 소련연방. Soviet Union

레짐Regimes 27, 34, 51, 61, 73, 142, 158

환경environment 26, 29, 30, 55, 60, 66, 67, 74, 81, 83, 85, 90, 93, 96-99, 113, 154, 160, 170

무역trade 60, 62, 113, 120, 139

무기weapons 31, 40, 70-71, 90, 139, 153, 157, 159

㊟ 냉전Cold War.

진실의 레짐 of truth 34

㊟ 개별 국제기구individual international organizations

루퍼트, 마크Rupert, Mark 62

로스, 라스Lose, Lars

르완다Rwanda 71-72

리스, 토마스Risse, Thomas 153, 155

리우 스밋, 크리스찬Reus-Smit, 54, 56-57, 85, 173

린치, 시실리아Lynch, Cecelia 12-13, 87

ㅁ

마르크스주의Marxism 21, 34

명료화, 표명Articulation 90, 93-94, 115, 117, 121-122, 124, 129, 132-133, 146, 151, 155, 162, 173

무피디, 힘딥Muppidi, Himdeep 9, 63, 66

맥락Context/맥락화contextualization 29, 58, 80, 87, 92

문화Culture 22, 26-27, 29, 38-40, 45, 54, 74, 118, 154, 158, 174, 178

　㉠ 민속학Ethnography

미국United States 13, 28, 30, 51, 61-63, 68-69, 71, 73, 90, 94, 100, 113-114, 116-117, 123, 127-129, 145-148, 159, 170, 172-173

　(참) 냉전Cold War; 쿠바 미사일 위기Cuban Missile Crisis

민속학Ethnography 38, 47, 81, 95-96, 104, 170, 179

　(참) 의식Consciousness; 참여 관찰Participant-observation; 주관성Subjectivity

민족주의Nationalism 109, 111-113, 130, 132-134

　(참) 정체성Identity; 주권Sovereignty

뮐러, 해롤드Müller, Harold 151

밀리켄, 제니퍼Miliken, Jennnifer 173

ㅂ

바넷, 마이클Barnett, Michael 8, 68, 118

바킨, J 사뮤엘Barkin, J. Samuel 8, 112

방법론Methodology 5, 11, 22-23, 25-26, 35, 38-44, 46-47, 57, 60, 63, 65-68, 73-74, 80, 84, 87-90, 99, 104, 110, 119, 127, 130, 135, 142, 151, 167, 169-171, 175-179

㊟ 개념Concepts / 개념화conceptualization

변수Variables/변동성variability 37, 40, 57, 59, 63, 82, 110-111, 115, 119, 132, 141, 175

㊟ 인과성Causality; 인식론Epistemology

부코반스키, 엠라다Bukovansky, Mlada 113, 117, 131

북대서양 조약 기구NATO 51

㊟ 냉전Cold War

분류Categorization 68, 98, 101, 119, 173

분석 수준Levels of analysis 47, 52, 60, 109-110, 140, 142, 146, 160

비교Comparison 33, 39-40, 42, 44-45, 47, 52-54, 57, 59, 60, 63, 65, 72, 84, 86, 91, 98, 101 111, 119, 120-123, 127, 134, 140-145, 147, 161, 170-171

비교사례연구comparative case studies 141

가상 사실counterfactuals 44, 141

㊟ 분석 수준Levels of analysis; 거시역사Macro-history; 과정 추적Process tracing

비정부기구Non-governmental organizations. 60, 81-83, 85-86, 135, 146, 158

㊌ 초국적 행위자Transnational actors

비정부 행위자Non-state actors 31, 82, 85, 87-88, 120, 134, 140, 150, 154, 161

㊌ 초국적 행위자Transnational actors

ㅅ

사이드, 에드워드Said, Edward 97, 114-115

인식cognition 6, 13, 27, 28, 31, 32

사회 정체성 이론social identity theory 110, 123-126, 133, 151

㊟ 의식Consciousness; 의도성Intentionality; 주관성Subjectivity

사회화Socialization 66-69, 79, 98, 125, 143, 147-151, 153, 155

산도발, 첼라Sandoval, Chela 100-101

상호 구성Mutual constitution 13, 22-23, 25-27, 32-33, 37-38, 47, 73, 98, 103, 109-110, 120, 131, 141, 159, 167-168

㊌ 존재론Ontology

생활세계Life world 154-156, 158

㈜ 의사소통 행위이론 참조Communicative action theory

서사, 서술 Narrative(s) 47, 80-82, 84-89, 92, 102, 104, 119, 125, 178

인과성causality 36-38, 141

거대서사Meta-narratives 34, 87, 92, 117

㊟ 계보학적 접근, 계보학Genealogy

세계은행World Bank 29, 61, 85, 144, 148, 150

세계화Globalization 29, 34, 61-63, 74, 91, 134

㊟ 초국가 행위자Transnational actors

소련 연방Soviet Union

고르바초프Gorbachev 31, 116, 126-129, 155, 158

신사고new thinking 127

순서법Sequencing 57, 110, 131, 135

㈜ 과정 추적Process tracing

시민사회civil society

㈜ 초국가 행위자Transnational actors

시킨크, 캐더린Sikkink, Kathryn 153

탈식민지화decolonization 55, 61, 100, 112

심리학Psychology 110, 121, 122, 123, 134, 172

㈜ 사회심리학Social psychology

실증주의Positivism 32, 35, 39, 41, 81, 110, 113

㈜ 인식론Epistemology

ㅇ

아들러, 엠마뉴엘Adler, Emanuel 8, 147-149, 153, 160

애컬리, 브룩Ackerly, Brooke 23, 100

압델랄, 라위Abdelal, Rawi 132

언어Language 24, 26-27, 30-32, 35-38, 41, 60, 63-64, 68, 70-75, 79, 89, 91, 99, 104, 117, 121-123, 125, 128-129, 140-141, 151-153, 156, 157-158, 161-162, 168, 171-173, 176, 179

언어 게임Language games 152, 156-157, 162

언어행위Speech acts 140, 156-158, 160

㊌ 의사소통이론Communicative action theory; 언어 게임Language games

역사기술Historiography 178

㊟ 계보학Genealogy, 계보학적 접근; 거시역사Macro-history; 서사Narrative

역할Role(s) 12, 22, 24, 30-31, 34, 38, 53, 55, 66-67, 73, 81, 83-85, 87-88, 90, 95, 97-98, 103, 110, 113-115, 117, 119-120, 130, 132, 143, 147-150, 155, 157, 159, 170

㊌ 정체성Identity

영국 학파English School 73

엘리트Elites 103, 115

㊌ 행위 주체Agency

오너프, 니콜러스Onuf, Nicholas 21, 52, 157

외교Diplomacy. 34, 45, 53-54, 56, 60, 64, 113, 117, 120, 124-126, 128-130, 134, 139, 142-143, 145, 147-148, 150, 152-153, 158, 175

㊌ 레짐Regimes

웰즈, 주타Weldes, Jutta 64, 127-128, 131, 133

웬트, 알렉산더Wendt, Alexander 11, 21, 52, 103

위버, 올레Waever, Ole 170

윌머, 프랭크Wilmer, Franke 118, 102

위협Threats 41, 88, 109, 110, 115, 128, 139, 157

㊟ 문화Culture; 정체성Identity

오리엔탈리즘orientalism 115

요구Interpellation 94, 115, 125, 127, 128, 139, 157

유물론Materialism 89

㊟ 이해관계, 이익Interests

유럽Europe 5, 12, 31, 51, 52, 55, 56, 60, 62, 73-74, 90, 112-113, 116-117, 126-127, 130, 154, 156, 158, 170, 173-178-179

고대 그리스ancient Greece 54, 58

중세 시대medieval era 53, 55, 58, 60, 64-65

이탈리아 도시 국가Italian city-states 54-56
㊟ 냉전Cold War; 종교Religion; 소련연방Soviet Union
유럽 연합European Union 60, 62, 130, 154, 156
의사소통 행위 이론Communicative action theory 152, 153, 156, 161, 177
의식Consciousness 96, 99
㊟ 민속학Ethnography; 사회심리학Social psychology
이슬람Islam 97
㊟ 종교Religion
이주Immigration
이라크Iraq 28, 97
이슬람Islam
㊇ 종교Religion
이익Interests 27, 31, 46, 82, 94-95, 121, 133, 135, 141, 143-144, 146, 149-150, 152, 155, 157, 159, 161-162
이해관계 6, 12-13, 22, 28, 30, 46-47, 63, 72, 97, 131-133, 135, 139-153
㊟ 유물론Materialism; 합리주의Rationalism
인권Human Rights 14, 29, 31, 33-35, 51, 60, 81, 83, 85, 90, 92-93, 123, 127, 150, 153-154
인식Cognition 13, 58, 64-65, 89, 102, 122-123, 128, 151
㊇ 사회심리학Social psychology
인식 공동체Epistemic communities 82, 90, 93, 142, 147-148, 153, 160
㊇ 초국가 행위자Transnational actors
인식론Epistemology 25, 32, 36-37, 110-111, 134, 168, 170, 173, 179
실증주의positivism 32, 35, 39, 41, 113
후기실증주의post-positivism 32, 34, 40, 41, 87, 110
㊟ 인과성Causality; 일반화Generalization; 해석Interpretation
인종Race 26, 33, 63, 101, 104, 109-112, 118, 122, 145
㊟ 식민주의Colonialism; 정체성Identity; 남아프리카 공화국South Africa
인종차별정책Apartheid 33, 146, 149
㊇ 남아프리카 공화국SouthAfrica

일반화Generalization 34, 37, 39, 44, 141

ㅈ

자본주의Capitalism

참 냉전Cold War; 세계화Globalization

자유주의Liberalism 11, 14, 21, 29, 61, 62, 63, 87, 88, 155, 172

잭슨, 로버트 H Jackson, Robert H. 112

정체성Identity 6, 11-13, 21-22, 26-28, 30-31, 39-40, 46-47, 51, 57, 63, 66, 68, 79, 88, 95, 97, 104, 109-111, 113-135, 139-142, 153, 155, 159

정 39-40, 109, 121

역할role(s) 12, 24, 30, 31, 34, 53, 55, 66-67, 73, 81-85, 87-88, 90, 95, 97, 99, 103, 110, 113-115, 117, 119-120, 130, 132, 143, 147-150, 155, 159, 170

참 계급Class; 민족성Ethnicity; 젠더Gender; 민족주의Nationalism; 인종Race; 종교Religion

제도Institutions 28-29, 51-52, 55-57, 60, 66-68, 74-75, 79, 96, 110, 139-140

유 레짐Regimes; 구조Structure

제퍼슨, 로날드Jepperson, Ronald 96

젠더Gender 82

세계 경제global economy 27, 61, 84, 160

세계화globalization 29, 34, 61-63, 74, 91, 134

참 인권Human rights; 정체성Identity; 권력Power; 주관Subjectivity; 초국가 행위자 Transnational actors

조약Treaties 41, 51, 58, 101, 117, 153

유 레짐Regimes

존재론Ontology 23, 25, 26-27, 36, 44, 63, 73, 98, 109-110, 167, 169, 174, 179

행위자-구조 논쟁agent-structure debate 27, 73

상호 구성mutual constitution 13

사회적 사실social facts 33-35

종교Religion 26, 64, 74, 104, 110, 112, 116, 118, 122, 176

이슬람Islam 97

㉾ 정체성Identity

주관성Subjectivity 83, 96, 98, 100, 104, 110, 170

주체subjects 12-13, 63, 73, 83, 87, 95-96, 98, 102, 103-104, 109, 114-116, 120-122, 132, 134

㉾ 의식Consciousness; 의도성Intentionality; 합리주의Rationality; 사회심리학 Socialpsychology

주권Sovereignty 51, 53, 55-56, 97, 111-113, 130, 134

준국가quasi-states 112

지위Status 26, 42, 64, 103, 112, 114, 117, 119, 122-123, 125-127, 133, 148, 154, 156, 172, 174

짐바브웨Zimbabwe 145

ㅊ

참여 관찰Participant-observation 47, 53, 67-68, 72-74, 79, 96, 99, 129, 151, 170, 179

㉾ 민속학 Ethnography

㈜ 종교Religion

체계System 31, 67

㈜ 구조Structure

애드보커시 네트워크(권익옹호 네트워크)advocacy networks 82

시민 사회civil society 95

인식 공동체epistemic communities 82, 90, 93, 142, 144, 147-148, 153, 160

비정부기구non-governmental organizations 41, 60, 81-83, 85-86, 135, 146, 158

사회 운동social movements 23, 41-42, 80-83, 86-87, 89-91, 93-94, 102-103, 123, 134, 142, 146-147, 150-151, 158-159, 161

ㅋ

카첸스타인, 피터Katzenstein, Peter 9, 96

캠벨, 데이비드Campbell, David 23, 117-118, 129

콘, 캐럴Cohn, Carol 68, 70, 71

콩고Congo 129

쿠바 미사일 위기Cuban Missile Crisis 127-128

크로닌, 브루스Cronin, Bruce 112

크라토크윌, 프리드리히Kratochwil, Friedrich 9, 60, 172
클로우츠, 오디Klotz, Audie 11-13, 145-148
킨셀라, 헬렌Kinsella, Helen 65-66

ㅌ

타당성Validity 25, 38, 42-43, 69, 152, 154, 169, 171, 179
　㊟ 일반화Generalization; 학문 평가를 위한 기준Standards for evaluating scholarship
　탈식민지화Decolonization 55, 61, 100, 112
　㊌ 식민지주의Colonialism
테러리즘Terrorism 28, 174-175
토마스, 다니엘Thomas, Daniel 8, 58, 158-159, 176
트루, 자크True, Jacqui 10, 62

ㅍ

패권Hegemony 56, 61-63, 66, 178
　㊌ 권력Power
패러다임Paradigms 11, 23, 172
　㊟ 인식론Epistemology
페미니즘Feminism 60, 62, 84, 99, 101
　㊌ 젠더Gender
표상Representation(s) 28, 34, 46, 110-111, 114-117, 121, 124-125, 128, 134, 157, 174, 178
푸코, 마이클Foucault, Michael 60, 64-65, 98, 121, 177-178
프레이밍Framing 47, 80, 88-89, 104, 123, 129, 159, 172
　내용 분석content analysis 89 91
　㊟ 담론Discourse; 도식Schema(ta)
프라이스, 리차드Price, Richard 64
피네모어, 마르타Finnemore, Martha 9, 142-143, 147-148
피어르키, K.M.Fierke, K. M. 9, 157-160, 173
필리핀Philippines 114

ㅎ

합리주의Rationalism 21, 23, 36, 52, 63, 80, 89, 95, 104, 128-133, 134, 140, 144, 145, 152

(비) 의사소통 행위이론Communicative action theory

해석Interpretation 8, 21-22, 24, 28, 30, 32-34, 36, 39, 41-45, 52-55, 57-60, 64-65, 69, 80, 86-88, 91-92, 101-104, 117, 119, 121, 128, 131, 134, 141, 154, 158, 169-171, 178

(참) 의도성Intentionality

행위자Agency 21-22, 24-27, 30-35, 37, 43, 46-47, 52, 55, 59, 60, 62, 68, 73-74, 79-98, 102-104, 111, 114, 120-123, 134-135, 139-140, 142-158, 161, 168, 174-175,

지도자elites 26, 28, 41, 46, 81-86, 89-91, 93-94, 96-98, 103, 113, 116-117, 121, 123-129, 135, 139, 142-145, 147-149, 158-159, 161, 175

대중문화popular culture 101, 124

(참) 민속학Ethnography; 프레이밍Framing; 서사Narratives; 존재론Ontology; 주관성Subjectivity; 사회심리학Social psychology; 초국가 행위자Transnational actors

헬만, 건터Hellmann, Gunther 168, 172

현실주의Realism 11, 14 21, 34, 53, 87, 172

호프, 테드Hopf, Ted 96, 124-125, 127, 131

효과성Effectiveness 88

후기실증주의Post-positivism 32, 34, 37, 40-41, 81, 87, 110

(유) 인식론Epistemology